AF206870

Sauerkirschenparadies

Buch 1: Neu in Berlin

Athina Gregoris

# SAUERKIRSCHENPARADIES

Buch 1: Neu in Berlin

5.11.1983 - 3.5.1984

Bibliografische Information der Deutschen Nationalbibliothek:
Die Deutsche Nationalbibliothek verzeichnet diese Publikation in
der Deutschen Nationalbibliografie; detaillierte bibliografische
Daten sind im Internet über dnb.dnb.de abrufbar.

Herstellung und Verlag:
BoD - Books on Demand, Norderstedt

ISBN 978-3-7460-7944-8

# SAUER KIRSCHEN PARADIES

Die Begebenheiten des Buches sind wahr. Die Namen der Personen und mancher Orte wurden geändert, um Identitäten zu schützen.

Don't part with your illusions. When they are gone you may still exist, but you have ceased to live.

Mark Twain
*Following the Equator* (1897)

To

Johnny Melville

**Berlin, 5.11.83**          **Samstag**

Ich wohne jetzt seit 1 Woche in dieser Bude und hab schon ne Menge geschafft. Die Küche ist soweit fertig, am Montag kommt der 2. Deckenanstrich drauf, falls die billige Farbe da ist. Das Zimmer soll gelb werden. Leider ist an einer Wand noch keine Rauhfaser, jetzt weiß ich nicht ob ich übertapezieren + dann streichen soll oder direkt streichen und zwar mit Lack. Für das Zimmer ist das erste bestimmt besser. (Kinderschrift).

Briefe an Mama und Großi werden ab sofort eingestellt, die rücken eh kein Geld mehr raus. Großi ist lieb, hat ne Pflanze gespendet und 50 Mark zum Einzug. Mama hat mir die Strickmaschine vom Unterhalt abgezogen und sagt jetzt sie hätte sie bezahlt und weigert sich nen Versicherungsfall draus machen zu lassen (das ginge total einfach mit dem Rieger nämlich), gibt das Formular von der Berufsgenossenschaft nicht heraus und will noch 120 Mark von mir. Die blöde Kuh. Papas Adresse hab ich gar nicht mehr, den griechischen Paß kriege ich nicht weil angeblich keiner existiert.

Es ist wirklich das letzte mit dieser Familie. Alle machen Schwierigkeiten sowie man was von ihnen will. Olle Geizköppe. Bloß Großi nich. Die lacht sich eins über meine Phantastereien. Alle anderen reagieren total sickig weil sie sich gleich persönlich angemacht fühlen.

9

Ich seh zu daß ich den Berliner Personalausweis kriege und hier mit Hauptwohnsitz gemeldet bin, das ist schonmal etwas.

Dann muß ich sehen daß ich von irgendeiner offiziellen Stelle Geld kriege, und die können sich das dann bei meinen Eltern abholen. Ich hab nämlich ständig Schiß das mir die Kohle gestrichen wird wegen irgendeinem Kleinkram und weiß nicht ob ich mich ums Geldverdienen (für mich) oder um ne Ausbildung kümmern soll – kurz womit anfangen, es gibt so viel zu tun. Also tu ich erstmal gar nichts außer Wohnung "renovieren" und Pullover stricken (abwechselnd, so hab ich Fusseln an den Wänden und Farbe am Pullover. Super.) und warte das die Zeit vergeht bis es endlich weitergeht. Ich weiß, das ist dicke Scheiße. Ich sollte mich wirklich mal drum kümmern. Soviel Geld brauch ich gar nicht, mit 600 komme ich schon gut hin. Kann ich Miete, Strom + Heizung von bezahlen, und Essen, Kleidung, Bildung – au scheiße, da haperts schon. Ich weiß eigentlich nicht, womit anfangen.

Wenn ich ne Ausbildung mache bin ich weiterhin von Elternkohle abhängig – NERV! Und ich kann mich nicht konzentrieren. Außerdem besteht von mir aus gar kein Interesse weiterhin zur Schule zu gehen. Lieber Theater spielen. Ich weiß nicht – ich krieg gar nicht mit was die anderen machen – als hätte ich Scheuklappen an, total dumpf. Vielleicht kommt das vom vielen Rauchen. Ich hab die Schotten dicht gemacht, weil alles so weh tut…

Scheiß, was fang ich bloß mit meinem Leben an. Alles was ich mache mach ich bloß weil mir langweilig wäre wenn ichs nicht machen würde. - eben: besser als gar nichts.

Das ist aber driss, weil von Engagement und Begeisterung keine Rede sein kann. Dazu saufe ich literweise Kaffee + Vollmilch und hab schon mindestens 3 Kilo zugenommen davon. Ich mag mich aber nicht wenn ich so fett bin – aber aufhören kann ich auch nicht. Der Milchkaffee, der schmeckt so gut, und außerdem hab ich sonst nichts zu tun – außer halt Pullover stricken.

Und ich hab hier noch soviel Zeugs, wolle für an die 1000 Mark, und mir geht stricken so auf den Wecker. Jedenfalls als Hauptbeschäftigung.

Morgen erscheint die dicke Morgenpost, da sind Stellen-angebote drin, mal sehen ob sich da was findet was hier in Schöneberg ist. Model + so läuft im Moment nicht – ich kann nicht. Mit dem Waschen und der Kleidung und ohne alles – es ginge zwar, aber die müssen mich wieder auf Vordermann bringen, und mir gefällt nicht wie die das machen also muß ichs selber machen und das dauert eben seine Zeit. Bis nächstes Jahr bestimmt. Ohne Dusche zu wohnen ist auch nicht so angenehm. Das geht echt nur in Freak-kreisen, wo man's mit der Sauberkeit nicht so genau nimmt, und da will ich auch arbeiten. 10 Mark die Stunde, egal was außer Putzen und Leute bedienen. Als Model würd ich 100 verdienen – Es ist ein Irrsinn. Meine

Mutter unterstützt mich nicht weil sie das will sondern
"na gut", und das ist fallsch. Es ist beschissen so zu leben.
Alles nur kommen zu lassen. Ich will hingehen! (Aber
wohin?) Also zur Zeit ist gar nichts gegeben und das nervt
mich ziemlich an. Zu Berlinern kein Kontakt bisher, jedenfalls keine so wie ich. Ein paar hab ich schon gesehen,
beim Einkaufen, die liefen da so rum. Aber wo trifft man
sich + lernt sie kennen? Typen weniger, hauptsächlich
Frauen. Echt jecke Weiber, würde Gernot sagen. Und
Musik machen will ich auch. Aber erstmal Anschluß finden… Also gut fände ich es ja wenn ich erstmal für mich
selber sorgen kann und zusätzlich noch Elternkohle bezieh
und zusätzlich noch das von der Berufsgenossenschaft.
Dazu müssen aber folgende Voraussetzungen gegeben
sein: 1. Mein Job muß mindestens 600 (illegale?) Mark
einbringen. 2. Es muß offiziell als unbezahltes Praktikum
laufen (Berufgenossenschaft) 3. Mama darf nichts davon
wissen 4. Papa darf nicht wissen, das Mama nichts weiß.

AU WEIA !

Das günstigste wäre wenn die Schule offiziell was kostet,
die Kohle von der Berufsgenossenschaft über Konto ge-
leitet wird auf meins (Absprache) und Mama weiterhin
500 so rausgibt. Dann ist für sie die Kohle weg (an mich)
notwendigerweise, weil ja die Ausbildung was kostet
("Wir nehmen das als Pauschalbetrag für Bücher, Verpfle-
gung, Materialkosten etc.") "Da ist dann alles drin, auch
Fahrgeld" Das ist für Mama, Papa und die Berufsgenossenschaft.

Und dann brauche ich noch jemanden, der mich an die Schule aufnimmt und mir das Geld wieder rausgibt und zusätzlich noch was weil ich da arbeite und alles inoffiziell.

## 4 Uhr morgens also 6.11. Sonntag

Ich bin ziemlich unzufrieden. Ich hab zwar viel geschafft, aber was ich gemacht hab gefällt mir nicht besonders. Der Seidenpullover sieht unmöglich aus, die Maße sind beknackt und das Muster sieht beschissen aus. Außerdem ist alles zu locker gestrickt. Nee also wirklich. Die einzige Möglichkeit das Dings zu retten ist über die Ärmel und den Kragen, so daß man wieder ne Proportion erhält. Sonst wird der Pullover einer von diesen langen Schläuchen die sich am Po ausbeulen. Und das mir. Die Seide hätte ich echt besser verwerten können. Scheiße.

Der Blau – Grün – Schwarze sieht auch total verwichst aus. An den Typ von der US Schule Design hab ich geschrieben ich könnte 300$ und den Flug lockermachen und wenn das ausreichte würde ich nächste Woche kommen. Mehr als absagen kann er ja nicht – was schlimmeres kann nicht passieren (doppelsinnig!) Meine Lebensführung ist der letzte Driss. Ich freß zuviel und sauf zuviel Kaffee, rauche zuviel und schlafe zuwenig. Und außerdem fehlt mir der Kontakt zu vernünftigen Leuten. (Wie Wilko, kicher…)

Scheiß Einsamkeit. Vielleicht geh ich morgen aufn Flohmarkt. Mal sehen. Ich will kein Geld ausgeben, aber ohne
Geld isses witzlos. Echtes Dilemma. Scheiß Geiz. Aber
wenn ich nach New York fliegen will werd ich die Kohle
wohl brauchen. Außerdem wär es höchstens wegen Vor-
hängen. Aber Wäsche waschen (5 DM) und Zeitung kaufen (1 DM) muß ich auch noch. Das sind schon 6 DM.
Und ich wollte mich eigentlich auf den Tagessatz von 10
DM setzen, so daß ich am 15. noch 200 Mark bar + 50
Konto habe und dann 250 von Mama dazukommen. Die
blöde Wichskuh zieht mir bestimmt wieder was ab wegen
der Scheiß Wolle oder sonst irgendwas. Die blöde Votze.
Da zieh ich nun in dieses Loch um was mehr Kohle zur
Verfügung zu haben – und was passiert? Ich werd gekürzt.
("Vorher biste ja auch mit 300 ausgekommen"!) Also
wenn ich hierbleibe, weil das mit NY nicht klappt, dann
verklag ich sie. Auf 690 DM, den vollen Unterhaltssatz.
Und dann ist nichts mehr mit abziehen + verrechnen + so.
Ehrlich.

Vom Sozialamt die Kohle ist entschieden verläßlicher.
Oder Bafög oder was. Es müßte ne Stelle geben, die für
sowas zuständig ist. Wo ich mal den ganzen Driss mit jemandem durchquatschen kann, der auf meiner Seite ist +
mir hilft, die volle Kohle rauszuholen. Oder ich mach auf
leck mich am Arsch, aber dann bin ich auch wirklich am
Arsch geleckt.

Neuer Film: Mama ärgern.

Bei Neckermann für 4000 Mark Sachen bestellen, liefern + Rechnung an Mama. Einfach nur sinnlose Kosten verursachen. "War ich nicht…"

Auto zerbeulen. Arsen ins Essen. Bah olle Wichskuh. Und ich muß es ausbaden. Ist echt das letzte. Hat überhaupt kein Verantwortungsgefühl. Auf jedes bitte krieg ich nen Tritt, schon allein weil ich mich erdreiste zu fragen. Ah. Erschießen müßte man sie.

## Montag/Dienstag 1 Uhr 16    7.11.83

Also noch 1 Woche bis nächste Kohle und noch 27 Mark über 250 gespart. Also mit 27 Mark eine Woche lang hinkommen? 5 Mark gehen schonmal fürs Duschen weg bleiben 22. Wäsche is gewaschen, muß bloß noch trocknen. Kohlen muß ich kaufen, bleiben noch 17 Mark. Mineralwasser pro Flasche 60 Pf. Pro Tag 2 = 1,20 x 8 Tage macht 9,60 = 10 Rst 7 Mark. Davon kann man aber nicht essen, und Kaffee ist auch nicht drin. Is wohl nichts mit sparen. Wo ich auch noch nen Schreibtisch bauen will und die Küche streichen und das Zimmer renovieren. So ein Driss.

Und wenn ich wegzieh is Geld und Arbeit für die Katz. Das funktioniert nur wenn ich bleibe. Hab aber keine Böcke in soner Chaotenwohnung zu bleiben. Also wenns renoviert is kann es ganz schön werden, aber vorher sieht es aus wie Arsch und ist auch nicht "meine Bude".

Die Küche schon, bis auf den Müll den ich noch rumstehen habe. Ich kann heizen und meine Sachen unterstellen, hab einen warmen Platz.

Ich glaub ich werd morgen erstmal Tapete kaufen und tapezieren, und am Mittwoch die Küche streichen und Donnerstag das Zimmer gelb. Freitag noch ein Pott Weißlack und Türen + Fenster + Fußleisten und zwischendurch stricken und wenn die nächste Kohle kommt, Möbel bauen und den Sisalboden kaufen.

So könnte es in etwa hinkommen. Nacht.

## Mittwoch 8.11.83

Mila hat geschrieben ich würde Leute hintergehen und wäre unmoralisch. Habe Postanweisung über 150 Mark geschrieben und "Sozialbeitrag für minderverdienende Managerfamilien" druntergesetzt. Diese blöde Kuh, da kann einem ja wohl echt der Appetit vergehen. Jetzt hab ich noch 90 Mark bis nächste Woche. Hoffentlich zahlt Mama wenigstens. Nach meiner letzten Karte (Ich geh' wohl besser zum Sozialamt, die sind hilfsbereiter), wäre es ja nicht weiter verwunderlich wenn sie sperrt. Macht aber nichts. In diesem Falle mache ich ein Praktikum bei Conrad Schnitzler nebenan, befinde mich demnach in Ausbildung und mir steht Unterhalt zu. Und so wie ich das sehe untersützt der mich auch, wenn meine Eltern nix zahlen, so daß sie wieder zahlen.

Die HdK hat Infos nach Köln geschickt, kamen heute an.
Mama hat sie wohl erstmal gelesen, war ihre Handschrift
aufm Umschlag. Naja. Dann glaubt sie jetzt wenigstens
was ich da erzählt habe. Und daß es bis dahin tatsächlich
noch so lange ist und mich mich was gedulden muß,
selbst wenn ich angenommen werde. Bah, bin ich froh,
wenn ich das alles hinter mir habe und endlich selber
Kohle verdiene. Dieses ewige Gefasel von Schuld und
Sühne vermiest mir noch den ganzen Tag. Zum Glück
können die mir weiter nichts anhaben. Bis zum 15. oder
so müßte ich hinkommen mit 90 Mark und dann ist hoffentlich die Kohle von der Alten da und sonst muß Conrad
Schnitzler ran oder ich geh mal mit auf Abendtour und
mache Handverkauf der Zeitung mit. Heute 16 Uhr ist
"Redaktionskonferenz". Und gleich geh ich mit ihm Bier
kaufen (als ob er das nicht alleine könnte…) Der Hund
mag mich. Gestern volle Kanne. Hat er mich angeknab-
bert als ich mit Kraulen aufgehört habe. Ist aber ne Sie.
Gemerkt als ich mit ihr pissen war. Tschüß. Gut Druck.

## Mittwoch 8.11.83

Hab der Mila die 150 überwiesen.

"Sozialbeitrag zur Förderung minderverdienender Managerfamilien" oder sowas ähnliches dazugeschrieben. Hoffentlich isse jetzt schön sauer. Diese blöde Votze also
ehrlich. Bin mich ständig über irgendwelche Leute am Ärgern. Hach ja, die Arbeit in der Redaktion nimmt mich

doch sehr in Anspruch… Werd mal nen Artikel schreiben über diese Unterhaltsgeschichte.

———————

Es gibt Eltern, die würden Ihren Kindern am liebsten den Unterhalt vom Unterhalt abziehen. So geschehen zu Mainz im Jahre 1983. Das Thema ist wahr, Ort + Zeit + Personnage teils geändert, teils stimmig. Und natürlich die allseits bekannte "Subjektivität", denn es ist ja meine Sicht die ich hier darlege. Es trug sich zu, daß ein ganz liebes Mädchen plötzlich keinen Bock mehr hatte. Die Eltern titschten im Dreieck, wie man so schön sagt, und verweigerten jegliche weitere Unterstützung, redeten von Moral, von Vertrauensbruch etcetera, man kennt die Sprüche.

Sie werden meistens angebracht wenn Eltern die Verfügungsgewalt über ihre Kinder verlieren. So. Nun – das Mädchen ließ sich leider irritieren, ging aufs Internat. Nun lief gar nichts mehr. 3 Jahre Wirrnis folgten, dann die erste "eigene" Wohnung, von den Eltern bezahlt unter der Bedingung, die Schule fortzuführen. Lief nicht. Unterhalt gekürzt. So kam es, das dieses liebe Mädchen, dessen Eltern ca. 10.000 zusammen im Monat verdienten leer ausging. Die Mutter, großzügig wie sie war, kam einmal in der Woche mit einer Tüte voll Lebensmittel und 30 Mark vorbei. Gleichzeitig kaufte sie sich ein Häuschen, fuhr im Mercedes durch die Gegend und schrieb an ihrer Doktorarbeit, hielt sich Psychiater und Hausfreund und spendete fleißig an Misereor (kann man von der Steuer absetzen).

Der Vater hatte indes neu geheiratet, eine jüngere wie üblich, und lebte nicht schlecht von seiner Rente. Mit seiner neuen Frau fehlte es ihm ja nun an nichts mehr. Das Mädchen hatte nun aber endgültig die Schnauze voll und ging nach Westberlin, wo sie den Schriftsteller Conrad Schnitzler kennenlernte. Wie schön für sie, ein Erstzpapi! Jetzt isse völlig genervt weil ihr keine Zeit mehr für sich selbst bleibt und sie nur noch unter Leuten ist. Die kleine Wohnung (1 Zimmer, Küche, Außentoilette für 90 Mark im Kiez) ist noch nicht eingerichtet, kommt aber noch. Man muß sich noch die passenden Möbel zusammensuchen. Die werden dann gestrichen (weißlack) ebenso die Wände (Küche grau, Zimmer gelb) nur eine Wand muß noch tapeziert werden.

Ach Scheiß drauf.

**Freitag 11.11.83        ca 20 Uhr**

Habe mich abgeseilt vom Forum – ich hatte einfach keine Lust mehr. Kulturspektakel liegt mir nicht – schon gar nicht solcher. Bin heute schwer gelobt worden als redaktionelle Mitarbeit. Montag gibts nen Vertrag über 300 im Monat und sowie Gelder vom Senat bewilligt worden sind, kriege ich tarifliches Volontärsgehalt und zwar zwischen 12 und 1300 Mark. Wenns klappt. Mami erfährt nichts davon. Berufsgenossenschaft fällt untern Tisch. Sollse zahlen bisse blöd wird. Hat heute schon wieder einen Brief geschrieben, ob sie mir wohl noch den Arsch abwischen soll. Erst wollte ich noch zurückschreiben, habs dann aber doch gelassen. Wozu? Großi hat geschrieben sie hätte Mila die 150 überwiesen. Ich hab ihr geschrieben daß ich das auch gemacht hätte. Einmal werd ich sicherlich was zurückkriegen, eines fernen Tages, wenn ich mal reich und berühmt bin. Ich werde testamentarisch festlegen, daß von meinem gesamten Vermögen nicht 1 Pf an meine Eltern geht. Vermache alles der Edition Vahldiek oder meinen Kindern – falls ich bis dahin welche habe, aber das glaube ich nicht weil ich viel zu jung dafür bin (jetzt) und später schon zu alt. Die New Yorker Schule kann ich mir wohl abschminken. Falls der Typ zurückschreibt ich könnte kommen, muß ich wohl den Antrag auf ein Stipendium stellen, weil ich keine Lust hab auch nur noch 1 Wort mit ihnen zu wechseln. Sollen zahlen aber mich mit ihrem Geschwafel in Ruhe lassen, die Blödsäcke. Alle die mir reinreden wollen sollen mich in Ruhe lassen. Wenn das alle täten bzw ließen wäre ich glücklich + frei ♡ ♡ ♡ ♡ ♡ ♡

## Samstag 12.11.83          10 Uhr

Die graue Farbe ist angerührt, gleich gehts los. Ich hab erstmal nur 1 Paket genommen, das andere mach ich morgen oder heute abend, falls ich mir da nicht die Ingrid Nickel im FORUM anhöre. Gestern hab ich noch was gestrickt, heute auch und ¼ vom Rückenteil fehlt noch (Dann noch Vorderteil + 2 Ärmel) Sieht aber ganz hübsch aus. Hab 200 Mark von Doris Richter geboten gekriegt aber abgelehnt. Keine Böcke zu verkaufen. Für 500 okay, aber das zahlt ja keiner. Na also. Hab ich endlich auch mal was von meinen Künsten. Und wenn ich mal Geld brauche kann ich immer noch verkaufen, aber dann Second Hand, 1 Jahr alt für 150 oder so. Ach nee, lieber gar nicht erst drauf spekulieren. Der bleibt mein Eigentum und wird mich ein Weilchen begleiten. Außer er wird geklaut, aber das wäre ätzend und wird hoffentlich nicht passieren. Heute kam ein Einschreibebrief an. Montag hole ich ihn ab, weil der blöde Postbote wohl keine Böcke auf Treppensteigen hatte + bloß die Benachrichtigung eingeschmissen hat. Aber Nachgebühr kassiert er sofort, das Arschloch. Die Schlesser hat nen Heiermann für mich springen lassen. Nett, wa? Heute bringt sie Plakate, die werd ich dann wohl aufhängen. Von Thaddäus hab ich gar nichts aufgehängt. Zu kurzfristig, das muß man länger planen. Anfang Dezember mit der Werbung für die nächste Ausstellung anfangen. Also eins ist sicher: Wenn ich durch die Ausbildung mehr Kohle kriege als ich von Eltern mit Formular kriege, wird das verschwiegen. Keine Böcke mich wieder mit denen rumzuärgern. Die kriegen nächsten Sommer den Wisch abgestempelt, daß ich ein Praktikum ohne Bezüge mache, das sie weiter zahlen, und vom Berliner Senat kriege ich 1300 als Volontär, das macht 2000 Mark pro Monat. Unter diesen Umständen, gelle?

Scheiße ey ich freß soviel – komm da gar nicht mehr von runter.

21

Ich nehm mir 1000 fach vor das zu lassen + zu fasten aber ein kleines bißchen Hunger und schon leg ich wieder los. Und fest vornehmen hilft auch nicht. Ist ja sehr paradox. Das Problem ist daß ich mir vornehme und nicht lasse. Hoffentlich krieg ich das bald auf die Reihe. Futter rationieren und einteilen: Dafür eß ich morgen nichts ist Selbstverarschung. Ich kann einfach nicht aufhören. Mein Magen platzt gleich, aber ich fresse weiter. Schön blöd. Ich fühl mich hundsmiserabel. War eben im FORUM, wollte mal schaun, aber keiner war da.

Gibt es einen Ort wo es unwichtig ist, welches Datum heute geschrieben wird, wieviel Uhr es gerade ist und wann die Läden aufmachen? Wo ich mich, in dem was meine persönlichen Belange betrifft, nach mir und nicht nach anderen richten kann?

An praktischen Beispielen fehlt es mir nicht, sie sind der Grund für meinen Rückzug. Besinne dich auf dich selbst, und du wirst den Sinn finden…

Ist es nicht egal ob ich Geld hab aufm Konto? Ist es nicht egal was für ne Farbe meine Augen haben? Okay, meine sind grün, deine sind blau, aber was ist daran so schlimm?

Scheiß Völlerei. Ich fühl mich so unwohl, am liebsten würde ich alles auskotzen. Dafür muß ich mich aber in das kalte Klo begeben wozu ich überhaupt keinen Trieb habe.

## Mittwoch 16.11.83

Heute ist Feiertag, hab ich gar nicht mitgekriegt. Gestern mit Rolf auf Tour gewesen. Wollte erst mit ihm schlafen, aber dann nicht mehr. Hab mich so eklig + stinkig gefühlt und er hat ne Art zu reden die mich nervt, obwohl er sonst sehr lieb ist. Schlesser hat 25 Mark springen lassen fürs Bilder aufhängen. Und ich hab Samstag abend frei-gekriegt wegen Theaterprobe. Mit Rolf und noch nem Freund.

Hier in der Bude ist Chaos, bin immer noch nicht weiter. Vor allem daß ich keine Regale habe – alles fliegt durch-einander. Wenigstens 1 Schrank wollte ich organisieren. Und mir fehlen verschiedene Dinge des persönlichen Be-darfs, z.B. Schuhe, Strümpfe, Unterhosen etc. Beim Forum liegt ganz viel schwarzer Filz + ein hellblauer Tep-pichboden. Gefällt mir nicht, aber was solls – es wärmt, und ich friere. Vielleicht kann ich ihn haben, muß mal Conrad fragen. Morgen kommt der Typ wegen Geld fürs Volontariat und generell für Projektkohle. Und meinen Pullover will ich auch beenden. Viel zu tun scheint mir – und keine Lust dazu.

Ich hab schrecklich geträumt last night. Jemand wollte mich ermorden und hat mit Speeren auf mich geschossen und mich immer nur ganz knapp verfehlt. Und alle Leute guckten zu aber griffen nicht ein. War gemein, das ganze. Ich bin ziemlich flatterhaft, aber den Job beim Conrad be-halte ich, wenns geht. 300 dazu und gut was zu lernen –

eventuell Volontariat mit 1300 und nicht mehr auf der Straße hängen. Bis mir das Theaterspielen wichtiger geworden ist und ich davon leben kann. Gestern haben Rolf + ich beschlossen zu heiraten, aber leider war das Standesamt geschlossen… mein Glück.

## 0 Uhr 05 Donnerstag 17.11.83

Ich war mit Rolf unterwegs, war ätzend. Viel zu teuer alles. Hab heute an 30 Mark ausgegeben. Die ganze 2 Wochen Kohle weg. Bleiben noch 150 von Großi, 250 (hoffentlich) von Mama und 12 Mark Rest. Aber dazu kommen am nächsten 1. noch ca 200 von Conrad. So 180 schätze ich, für 3 Wochen. Das war auch ätzend. Er will mir jetzt den Kaffee vom Gehalt abziehen. Scheiße. Alles Arschlöcher. Ich muß mich mal um sone Schülerkarte kümmern. Und Bilder malen für ne Mappe. Ich häng so durch. Bin voll uninspiriert und stinke, ich arme Sau, und schlechte Laune hab ich auch noch. Wirklich, alles geht schief, scheiß Stadt. Muß mich endlich einrichten, mit Schränken und Pflanzen.

Es watschelt zu Ihnen ins Zimmer: die mit Erdnüssen vollgefressene Athina, gefrustet wie immer. Scheiße. Wenn ich mich nicht am Riemen reiße – Auweia. Mir tuts leid um die POWER, die bei sowas flöten geht.

## Freitag 18.11.83

Ich hab dem Conrad gekündigt. Das ewige Gemecker, mein Kaffee wär zu stark + alle wollten ihm nur böses – zu beschissen. Ohne mich. Gestern hab ich einen tollen Clown kennengelernt. Namenlos. Heute geh ich mal gukken, der Georg Jahnke macht noch ne Lesung, eventuell ist da ein Job für mich drin. Hoffentlich hat er Zeit.

Die saufen bloß ein bißchen viel. Aber das macht erstmal nichts. So komm' ich wenigstens was raus. Hab die Tür im Zimmer weiß gestrichen. Fenster und Zweitanstrich morgen. Ich will Tischböcke kaufen. Auf der Bundesallee gibts welche für 10 Mark das Stück, das geht. Besser als Fensterbrett und zwei Boxen übernander. Den Pullover werd ich wohl kaum fertigstricken können, mir fehlt graue Wolle. Muß ich das Muster ändern, Scheiße. Oder einen Pullunder machen.

## Dienstag 22.11.83

Heute war ich mit einem Typ von Nebenan (Ami) in der Picasso Ausstellung, es war scheußlich, aber beeindrukkend. Im Museum bin ich voll aufn Horror gekommen, und der Typ ging mir immer mehr auf die Nerven. Abgesägt. Abends war ich noch in der Bibliothek, nachdem ich vom Kadewe zu Fuß nach Hause gegangen bin. Es gibt einen Wettbewerb, bei Jugend forscht. Man soll ne Reportage schreiben über irgendein schwieriges Wissenschaftliches Thema, und zwar so, daß auch der letzte Idiot noch kapiert was Sache ist. Mir fällt bloß kein Thema ein. Mich interessiert nichts, außer Computern und Gentechnologie, aber das auch nur sporadisch. Machen will ich was mit Menschen. Eigentlich kommt nur noch Kneipe in Frage, aber das ist so unseriös. Journalist wäre nicht schlecht, aber man braucht Abitur. Zum Malen habe ich keine Lust, auf ne Regelschule will ich nicht. Was tun? Ich bin vollkommen desorientiert. Geld habe ich keins (weil ich immer alles schon vorher ausgebe). Und es fallen so viele Sachen an, die ich noch bräuchte, lauter Luxus. Das ist echt kein Leben was ich führe. So ein Mist. Hoffentlich kommt morgen Post. Ich will endlich mal einen netten Brief kriegen. Leute irritieren mich immer so. Jedesmal wenn ich mit jemandem zusammen bin, lieg ich hinterher psychisch in der Ecke. Fest steht allerdings, daß die Kohle von Mama da ist und ich jetzt 250 Mark auf einmal habe und mal überlegen könnte wie ich die nächsten 2 Wochen verbringe ohne allzusehr abzufacken und mich nicht so zu langweilen. Ich könnte zum Beispiel mal ins Theater gehen. Leider laufen zur Zeit keine besonderen Sachen, die mich interessieren. Allerdings ist das Theater bestens geeignet um einen Abend rumzukriegen, man sieht was und wird gesehen. Wie schön. Und ich könnte mal die Kosten mit einplanen (mit BVG), alles legal. Das wären 10 Mark für die Aufführung, 5 Mark fürs Fahren und 5 Mark für essen. Läuft nicht. Is nichts. Kacke. Schon wieder Puste (geistige) weg. Mist. Immer wenn ich unter Leute will, ist das in irgendeiner Form mit Geldausgeben verbunden, das geht mir auf den Wecker. Und zum lernen habe ich keine Lust. Eine Lebensgemeinschaft, das wäre schön, mit der 10 Leuten zusammen leben, wohnen arbeiten, Geld verdienen – alles gemeinsam machen, ne richtige Truppe werden, so wie das living Theatre in New York. Dann plagen mich auch nicht mehr so dusselige Kleinscheißprobleme wie ich sie jetzt habe, Aber bis dahin – mir ist so öde – mein leben kotzt mich an, Würg Kotz. Alles Scheiße ehrlich. Kotz Rotz Heul Wasser.

## Mittwoch 23.11.83

Schon wieder so ein gräßlicher Tag. Der Morgen war ja noch ganz gut, dann kriegte ich einen Freßflash und lief davon, machte einen Riesenspaziergang bis halb 6, um 6 oder halb 7 kam Rolf und wollte mit mir Kaffee trinken, wo mir total schlecht war weil ich zuviele Erdnüsse + getrocknete Feigen gefressen hatte. Wir sind ins Mitropa, dann zu ihm (ein Theaterstück abholen), dann ins Café Einstein, wo es total zum kotzen wurde weil er sich ne Beziehungskiste aus den Fingern sog die nicht vorhanden war und ich bin dann gegangen. Nach Hause hatte ich keine Lust, bin Kurfürstendamm, -straße, Savignyplatz, Kantstraße bis zum Kino gelaufen und wollte in die Nachtvorstellung von GraffityXXX gehen, aber um viertel vor 12 fiel mir auf daß die Bahn nur bis 1 Uhr fährt und ich hab die Karte auf morgen umschreiben lassen.

Als ich nach Hause kam hing ein Zettel an der Tür von Rolf ich solle mich unbedingt melden egal wann er würde das heute nicht raffen ohne mich. Ich hab kein Bock auf den Typ, der ist viel zu verbiestert + miesepetrig + am Ende krieg ich nen Tritt für meinen Sozialtick. Kommt nicht in Frage.

Also nochmal von vorne, verschiedene Fragen:

1. Womit bessere ich in Zukunft meine Unterhaltskohle auf?
2. Wie umschiffe ich die Klippen des Frustes, der zu Freß-orgien führt
3. Wie komm ich ans Theater?

Diese 3 Fragen sind miteinander verwoben, und zwar:

- wenn ich einen Job am Theater hätte

dann hätte ich 1. mehr Kohle wäre 2. nicht mehr frustriert und 3. schon da wo ich jetzt noch hinwill. Und Leute lerne ich auch kennen.

SUCHE JOB AM THEATER !

Ein Praktikum Kostümbildnerei, als Schauspieler, an der Kasse - is egal was, Hauptsache Theater.

Gestern abend hab ich mal nachgedacht, über ein Solo-Stück, worauf es ankommt. Und zwar will ich ein Drama machen, einen 5-Akter, und die Leute sollen nach der

Pause zwischen 3.+4. Akt wieder reinkommen weil sie wissen wollen wie es ausgeht. Also mit Handlung.

Rolf meinte was ganz jeckes, und zwar auf einer Bühne zwei völlig verschiedene Handlungen ablaufen zu lassen. Aber das führt zu nichts.

Mach ich mein Solo wie der Sladek, der hat ne große Solovorstellung gegeben, ein großer Mann. Und so will ich das auch machen.

Äußerst fesselnd soll das ganze sein.

Vielleicht in den einzelnen Akten die Personen einzeln zu Wort kommen lassen, im 4. Akt kommen alle zusammen und im 5. ist Schluß. Und zwischen den 1. 3 Akten muß ich den Standpunkt wechseln. Z.B. Mutter, Vater, Kind im 4. gibts Chaos und im 5. endet das ganze damit daß das Kind von den Eltern geht, Motto leck mich am Arsch, ich mach was ich will. Mit Perspektive aus persönlicher Stärke. So, daß man Mutter+Vater verstehen kann, aber letztlich auf der Seite des Kindes + für die Zukunft ist, also volle Identifikation. Das ganze muß aber im jetzt stattfinden.

Eben beim Scheißen kam mir der Gedanke, daß ich meine persönliche Kiste verarbeitet haben muß, bevor ich Thea-ter machen kann, wegen der Vorbelastung, sonst bin ich nicht neutral. Warte ich lieber noch was und gucke mal was ich sonst noch so zustande bringe. Will mich ja nicht blamieren.

## Donnerstag 24.11.85

Ich war heute wieder unterwegs und zwar an der FU. Von Großi ist ne Karte gekommen + das Paket gibts morgen. Nachher (um halb 8) geh ich ins Kino. Damit sind nochmal 4 Mark weg für BVG weil ich so ehrlich bin. Scheiße. Aber nochmal 40 Mark löhnen ist nicht drin. Zu schade ums Geld. Und zu Fuß habe ich keine Lust, ist zu weit, und heute bin ich genug gelaufen. Vielleicht zurück, weils dann erst halb 10 ist. Aber diese Entfernungen, echt tierisch. Ein Fahrrad hätt ich gerne. Bloß das Geld dafür, das fehlt mir. Und die Lauferei tut mir eigentlich ganz gut. Falls ich das mit der Hochschule machen kann hab ich ja auch das Gesamtnetz was billiger.

… womit ich wieder bei meinem Lieblingsthema angelangt bin: Diät. Also ich muß unbedingt abnehmen. 2 Wochen harte Diät, und 4 kilo sind runter. Zum Frühstück eine Pampelmuse, zum Abendbrot 3 Tomaten und zu Trinken mineralwasser. Dazu täglich mindestens 1 Stunde spazierengehen und ne Morgengymnastik bei geöffnetem Fenster… Das letzte nicht, aber ein Morgenspaziergang, das ist gut. Ich werde mich völlig den äußerlichkeiten des Lebens widmen, mich durchstylen bis zum geht nicht mehr. Und mit Rauchen aufhören (soso).

Der Film war geil. Ich hab die ganze Zeit die Melodien davon im Kopf. Am liebsten würde ich sofort anfangen zu trainieren. Das wäre geil. Und im Mai kann Uli (Köln) was erleben. Wilko ist dann auch fertig mit Schule + dann machen wir nen Dreier auf. Bis dahin lebe ich hoffentlich noch, falls ich mich nicht schon an Kohl, Erdnüssen oder sonstigem Scheiß überfressen habe. Aber das mit der Diät ist ne gute Idee. Wenn mir nur nicht so langweilig wäre. Ich weiß echt nicht wie ich die Tage rumbringen soll. Endlich hab ich den 2. Ärmel des Ringelpullovers fertig, den brauch ich bloß noch dranzumachen und die Seiten- nähte schließen, dann ist der Pullover fertig (und ich auch). Und beim Seidenpullover fehlen noch 2 Ärmel + zusammennähen, und ich hab noch ne Kiste voll Wolle für 1000 Mark. Verrückt, ne? Ich kann kein Strickzeug mehr sehen.

Auf dem Weg zum Kino hab ich an einem Mädchen eine geile Jacke gesehen. Wadenlang, gelber Wollfilz mit einem Riesenkragen dran. Die ging mit ihrem Freund auch in den Film.

Ah, mir ist so schlecht, mein Magen drückt weil ich so viel gefuttert habe. Das ich aber auch nicht aufhören kann. Als ob ich nicht wüßte wanns genug ist – nein, der Teller muß leergegessen werden. Es ist wirklich zum kotzen.

(Ham wer nichn besseres Thema da?)

Scheiße. Schon wieder schlechte Laune. Seit ich hier bin bestimmt 5 kilo zugenommen. Ärgerlich.

## Samstag 26.11.83    20 Uhr 15

die Tagesschau is grad vorbei – FEIERABEND!

Ich war heute im Kadewe mit einem Typ den ich gestern kennengelernt habe. Eigentlich war ich mit seinem Freund verabredet, der ist auch viel netter. Ein blöder Tag.

Dann hab ich meine Pfennige eingetauscht, mußte noch extra Namen und Adresse auf die Rolle schreiben und dann bekam ich 2 DM, für die ich beim Aldi Nüsse und beim Krämer Äpfel gekauft hab. Mit dem hatte ich auch noch Ärger weil er nur die Mark wollte und keine Pfennige, drum hat er mir dann 3 Äpfel für ne Mark verkauft das Arschloch. So eine olle Schlabberfresse, ekelhaft. Streit, Zank, Hader. Eben hab ich mir die Reste davon reingetan, jetzt bin ich mehr als satt und dafür hab ich morgen nichts zu fressen. Ganz schön blöd. Ich will aufn Flohmarkt und um 4 zu dem Georg Jahnke.

Da gibts bestimmt was zu essen. Gestern abend war ich noch mit dem Ami in einem Café, ich hatte ihn vorm Metropol getroffen und anschließend sind wir zu Rolf gegangen auf einen Wein und das wars, ein grau-rot-weiß geringelter Pullover ist fertig, der seidene noch nicht, aber das mach ich auch noch. Schrecklich öder Job, ehrlich.

Total stupide Tätigkeit. Hat nur einen Vorteil: Sonst hat keiner sone Klamotten, ich bin die einzige die sowas hat. Es gibt einem so das Gefühl von EXKLUSIVITÄT (Ausgeschlossenheit, wie wahr wie wahr). Ich würd gerne noch ins Yorkschlösschen gehen (Eintritt frei). Mal sehen

## Montag 28.11.83

Hab letzte Nacht bei Erich geschlafen, aber nicht mit ihm (letzte Reste der christlichen Erziehung). Bin morgens abgehauen, gegen 11, und zu Tabea, hab mit der noch was geredet und ihr ein Fahrrad für 50 Mark abgekauft. Die letzte Schrottkarre aber fährt. Hoffentlich klaut man mir das Dings nicht. Dann bin ich von ihr zu mir geradelt + mir sind fast die Finger abgefroren. Deshalb habe ich mir handschuhe gekauft. Und einen Wäscheständer (enorm praktisch) und dann bin ich Wäsche waschen gegangen. Jetzt sitze ich in meiner Bude, hab den Ofen voll mit Brennmaterial und es ist recht gemütlich wenn auch kalt. Ich brauche unbedingt einen Schal weil ich nämlich immer Ohrenschmerzen kriege beim Radfahren. Die stehen wohl zu weit ab, auf jeden Fall ziehts + tut weh. Ich kann mich aber nicht recht aufraffen mir einen zu stricken weil ich keine Lust habe. Aus der braunen Wolle wo ich noch so viel von habe will ich einen Pullover und keinen Schal stricken. Und sonst hab ich keine. Und außerdem müßte ich erst den Seidenpulli fertigmachen. Aber der Schal ist wichtiger.

Morgen um 6 ruf ich bei Erich an, vielleicht sehen wir uns, ich hoffe es. Der ist tja wie soll man sagen ich weiß nicht also äh ich liebe ihn, das kann man wohl so sagen, aber ich hab auch Angst, auch vor mir selber. Ich weiß nicht. Will öfter mit ihm zusammensein. Es könnte sich eine äußerst fruchtbare Zusammenarbeit ergeben. Aber er weiß zuviel – erzählt mir angelesenes Zeugs, was er nicht selber erfahren hat. Und guckt sich eine Theateraufführung nach der anderen an. Aber ist offen, hätte ein großer Tänzer werden können (wie ich) – Vielleicht wir zusammen? Weiß nicht. Zum Schlafen hats nicht gereicht, ich war so angesäuselt, das hat mich gar nicht angemacht. Er hat gesagt er hätte komisch geschlafen, als ob er die ganze Nacht wach gewesen wäre aber doch geschlafen hätte. Beim Frühstück wars dann ätzend, ich hab die ganze Zeit versucht ihn fertigzumachen, lief aber nicht, am Ende stand ich selber dumm da. Aber hoffentlich sehe ich ihn wieder. Der Abend vorher war so toll, vom Feeling her, ich ab einen Flash gehabt, weiß nicht mehr genau wie es kam, und hab ihm eine Geschichte "ausm Zwerchfell" erzählt, das war so wie bei Ortwin, als er mich mal gelobt hat, ich würde schnell lernen und er hielte mich für sehr förderungswürdig. Hab vergessen was es war, aber es war gut und es hat ihm (Erich) gefallen und er hat dann wohl Bock gekriegt was mit mir zu machen. Bei Tabea wars auch jeck, aber sie ist anstrengend, weil hektisch + unbegabt. Ein armes Kind. Macht furchtbar viel Gymnastik + die wildesten Kurse, denn sie will Tänzerin von Beruf werden. Das schafft die nie, weil sie viel zu fett ist und die körperlichen Voraussetzungen nicht hat. Tut mir leid, wo sie soviel Energie drauf gibt. Aber die hat echt Power, springlebendig und raucht nicht. Und ich immer in meinem Tran…

Rolf war hier und hat einen Zettel an die Tür gemacht ob ich ihm meine Schreibmaschine leihen würde, seine wär kaputt und er fühle sich so kastriert ganz ohne. Die arme Sau.

Und wenn ich sie ihm leihen würde, dann bitte bald und er wäre garantiert noch bis 2 Uhr wach. Naja. Das war gestern. Wenn ich noch Bock hätte würd ich ja hingehen, aber ich bleib lieber hier, hier fühle ich mich wohler außerdem hab ich keine Lust ihn zu sehen. Tagebuchschreiben is echt ne angenehme Beschäftigung, nicht so stumpfsinnig wie stricken. Ach Erich. Hoffentlich habe ich nichts falsch gemacht – er meinte heute morgen er würde sich nicht wohlfühlen und hoffentlich bessere sich das noch. Aber ich hab mich auch nicht wohlgefühlt, hab versucht mich zu entziehen, war nicht voll da, echt mist, fast ein Streit. Man könnte ja mal mit ihm drüber reden. Aber auf jeden Fall will ich ihn wiedersehen. Komisch, mit so Leuten klappt das immer, ich denke auch an Uli in Köln, wo ich allerdings ziemlich lange warten mußte. Ah, ich möchte das nochmal erleben, den Flash gestern abend beim Erzählen, war echt super. Und jetzt: An die Arbeit.

## Dienstag 29.11.83

Letzte Nacht hat Erich bei mir geschlafen (nicht mit mir).
Ich war abends noch an der Urania wo Mummenschanz
stattfand, und danach haben wir uns im Ambrosius getroffen, mit Camilo + noch einem Mädchen. Er meinte dann
ganz cool er müsse jetzt auch gehen weil er zu arbeiten
hätte am nächsten Tag, aber ich habe insistiert. Also sind
wir zusammen zu mir gegangen. Heute abend um 6 rufe
ich ihn an. Hoffentlich wird ihm das nicht zuviel. Also ich
habe Lust ihn zu sehen, hoffentlich er auch. Vorhin kam
Armin vorbei, der, den ich auf der Ausstellungseröffnung
kennengelernt habe, es war ziemlich zum kotzen und ich
hab mich saubeschissen gefühlt, auch weil ich, nur um
überhaupt was zu sagen, die ganze Zeit von mir + meinen
Problemen erzählt, was immer dazu führt daß ich mies
drauf komme und alleine sein will.

Wir haben uns Martin Luther – Ecke Kleiststraße getrennt. Is immer so doof mit den Normalen. Da fällt mir
immer nur ein was ich noch alles nachholen muß um so
zu sein wie sie (Führerschein, Abi + so), und daß ich dazu
keinen Bock habe. Dagegen mit Erich hab ich Lust was zu
machen, weil das meine Linie ist, da brauch ich nicht
nachzudenken, das ist halt einfach so, außerdem ist der
genauso chaotisch wie ich. Gestern hat er mir von seiner
mangelnden Selbstdisziplin erzählt, daß er zuviel qualmt,
zuviel Kaffee trinkt und überhaupt – zuviel Streß. Und
genau das Feeling hatte ich dann auch in the middle of the
night – ZUVIEL.

Da war ich dann voll genervt und bin einfach zugegangen und er war der Trottel. War gemein, aber ich war einfach zufrieden. Heute morgen ist er so gegen 9 Uhr abgehauen, wollte noch die Bücher vom Stanislawski mitnehmen aber ich weiß nicht recht – die sind mir nicht egal, ich will sie behalten, er kann ja hier mal drin lesen aber aus der Hand geb ich die nicht dafür sind sie zu wertvoll und außerdem hab ich sie selber noch nicht gelesen. Ah, manchmal nervt mich meine eigene Inkonsequenz, daß ich mich von ihm einladen lasse, und Sachen mache, die ich nicht alleine machen könnte, dadurch werd ich abhängig. Wenn ich wenigstens mithelfen könnte, Kohle ranzuschaffen. Aber wenn das mit Camilo abginge, wir mit dem Arbeiten könnten, das wäre gut. Er hat Lust dazu + ich auch und Camilo anscheinend auch. Das Problem ist die chronische Unzuverlässigkeit des Menschen, daß man sone Schwierigkeiten hat, sich zusammen zu raufen. Aber Erich hat erzählt er würde Donnerstag abends Körpertraining machen, Workshop, und würde sich danach saugut fühlen und wenn wir mit Camilo sowas weitermachen könnten, z.B. Montags, oder überhaupt nur ne Theatergruppe machen würden, ne feste – das wär super. Und überhaupt. Bis dann.


## Donnerstag 1.12.83

Hab letzte Nacht nochmal beim Erich geschlafen, aber wir haben uns nicht mehr so gut verstanden. Der Gelsenkirch-

ner Slang geht mir auf die Nerven, und die Unechtheit
von ihm auch.

Ich werd ihn Freitag nochmal anrufen und wahrscheinlich
Sonntag treffen, wenn ich um 4 zu Georg gehe und abends
ins Taxe moon. Der Erich hat ne Menge gemacht, Richtung Raumausstatter schon. Aber das ist nicht alles.
Clownerie ist das was er wirklich will, sagt er. Ich mag
ihn, aber manchmal geht er mir auf die Nerven. Ich erleb
das einfach, kann gar nich soviel dazu sagen. Aber gestern
wars nicht gut, die Szene hat sich so eskaliert daß ich
wirklich lieber nach Hause gegangen wäre. Dann meinte
er, ob wir noch ein Bier trinken gehen wollen und das zog
sich hin bis halb 1 und dann fuhr keine Bahn mehr. Shit.

Ich werd mal 60 Mark für ne Monatskarte opfern. Mach
ich morgen oder heute abend noch, kommt drauf an wie
lange ich bei dem Typ bleibe wo ich um 3 zum Kaffee
eingeladen bin. Der wohnt hier im Haus, und gestern
meinte er ob ich nicht vorbeikommen wollte. Prima
prima, mal sehen wie es wird. Gestern bin ich noch nachts
im Wedding spazieren gegangen und fast aufn Horror gekommen weil mir einer hinterherlief. Außerdem hats ge-
schneit, war dunkel und sonst niemand mehr auf den
Straßen. Aber die Luft sagenhaft. Ich freu mich schon auf
nächstes Frühjahr. Und mit meinem Fahrrad – das wird
geil. Die Belitsch hat einen komischen Brief geschrieben,
von wegen Sperrmüll im Hausflur und das ginge nicht.
Hoffentlich schmeißen die mein Fahrrad nicht weg, das
könnte man glatt für Müll halten. Ich geh nachher mal zur

Lenzen und bequatsch das mit ihr.

Mensch, wenn ich nur endlich mit der Wohnung weiter-
kommen würde. Wenigstens mal Farbe kaufen. Aber das
ist wohl sone Sache die man in einem Rutsch fertigmachen muß. Und dann isses ja auch gut. Bloß das mit dem
Geld, das haut nicht hin. Mir bleibt kein Pfennig extra
Kohle. Ist ja einerseits egal, solange ich was zu tun habe,
aber ich arbeite halt lieber mit Leuten als alleine. Außerdem akzeptiere ich die Normen nicht von wegen bürgerli-
che Einrichtung. Einen Schrank, okay, den brauche ich.
Aber mit dem Werkzeug und so, das haut alles nicht hin.
Vernageln schaffe ich ja noch, aber Bohren + Schrauben
ist nicht drin. Irgendwie nervts mich auch wenn alles nur
so provisorisch ist. Wenn schon, dann will ichs richtig machen, dann soll da auch so bleiben können + noch gut aussehen + zweckmäßig sein. Bei Karstadt hab ich
dunkelgrauen Nadelfilz, selbstklebend gesehen für 1 DM
pro 40 x 40 cm. Das käme ganz gut. Ich muß mal sehen
das vom Leben noch was Geld übrigbleibt und ich nicht
soviel Geld für Unsinn ausgebe. Was ich noch gesehen
hab, das war Stoff: Teddyplüsch für 18 Mark in allen Farben, Schurwolle (100%) für 15 oder 20 Mark der Meter.
Und langärmlige T-Shirts für 3 Mark. Und sone allwetter-
jacke für 15 Mark und die Hose dazu für 13 Mark. Kann
ich echt gebrauchen, so aufm Fahrrad. Außerdem sehen
die schick aus. Nur die Farbe – igitt (gelb + schwarz).

## Samstag 3.12.83

Geldsorgen: Bar 18 DM, Konto 190 DM. Ich war heute in der Bhagwan Disco Far out, war ganz nett. Hab einen Typ kennengelernt und eventuell einen Job in Aussicht beim ICC. Hab die Telefonnummer von einem Typ gekriegt, den ich da anrufen soll. Lennart hieß der, den ich kennengelernt hab. Er meinte so 200 die Woche wären drin. Da geh ich aber besser nicht so unausgeschlafen hin wie ich jetzt bin. Erstmal poofen, dann ansehen, dann anrufen + Termin geben lassen. Und zwischendurch am besten Radfahren, irgendwie bewegen damit ich gut draufkomme. Wäsche waschen müßte ich auch, aber dafür ist die Barkohle zu knapp. Theoretisch bräuchte ich gar nichts ausgeben, bis auf 1 Mark für die Morgenpost. Aber ich kenn mich, das wird wieder teuer. Ich hab Tabea besucht heute, und die ist echt ätzend. Ronald ist nett, hat mich zum Tee eingeladen. Ich hab die beiden dann in der Disko verloren, wollte um 1 mit der Bahn nach Hause, die war schon weg, bin ich wieder in die Disko und hab die Nacht da verbracht mit Lennart. Mit Erich hab ich telefoniert, ich seh ihn wohl am Sonntag abend im Taxe moon wenn ich nichts besseres vorhabe.

Mit dem Theaterstück, das ist ne ganz eigenartige Sache weil der Georg anscheinend Muffensausen gekriegt hat und Tabea hat rumgelinkt, jetzt wollen die zusammen Regie machen und eine Drogentherapiegruppe soll das Stück spielen. Ich mach Kostüme, wenn sie welche brauchen. Am Mittwoch ist ein Treffen deshalb. Und am Frei-

tag 22 Uhr im Café Swing seh ich Lennart. Ein wirrer
Kerl, ganz nett, aber nicht mein Typ. Aber intelligent
genug für ne Unterhaltung. Hat ne Menge persönlicher
Scheiße mitgemacht aber sich ganz gut unter Kontrolle
(Projektion). Ich glaub ich geh jetzt besser schlafen. Ich
fühle mich so unwohl. Zuviel geraucht, zuwenig geschlafen, zuviel gekriegt zuviel gegessen wieder alles scheiße

hoffentlich packe ichs. Auch der Job am ICC ist wichtig.
Wenns klappt hab ich geld. Lohnsteuerkarte, Gesundheits-
zeugnis + 3 Paßbilder. Drücke Daumen.


## Montag 5.12.83

Heute is ne Kontrolle in der U-Bahn gewesen. Triumph,
Triumph. Und ich mit gültiger Netzkarte. Geil. 40 Mark
gespart, wie schön. Letzte Nacht hab ich bei Erich geschlafen. Ihm gehts schlecht, Depression. War ne verrückte Nacht. Geschlafen hab ich von 12 bis 4 und dann
mußte ich auf Toilette mit tierischem Durchfall, und er
auch. Die Nacht davor hab ich bei Georg geschlafen, nach
der kleinen Fete die bei ihm war. Verrückte Zeit ist das.
Heavvy Situations. Mit den Leuten verstehe ich mich
ganz gut, nur Scheiße daß ich kein Telefon habe. Im Moment hab ich auch kein Geld, bin nicht zur Bank gekommen heute, noch nicht mal 20 Pf zum Telefonieren. Mama
will mir die Kohle kürzen auf 400 Mark im Monat. Sauerei. Wovon soll ich leben? Wird Zeit das mir was einfällt
womit ich Geld verdiene. Dem Erich gehts genauso, dem

Georg auch. Mathilda (Frau von Georg) hat nen Job beim Krankenhaus. Das mit dem ICC hat nicht geklappt, das heißt ich müßte mal meine personalpapiere packen und zum AMK fahren. Mach ich am besten morgen früh nachdem ich geduscht habe. Wenns klappt bin ich ausm Schneider, verdiene genug Geld um mich durchzubringen. Gut wäre es wenn ich heute nochmal telefonieren könnte wegen einem anderen Job, Aushilfe Tütenkleben, eventuell auch Büro. Am besten mal Los und Leute abklappern. Aber das ist immer alles so weit auseinander und wenn die dann nicht da sind steh ich in der Kälte + außerdem störe ich, bilde ich mir ein.

Das ich aber auch echt kein bißchen Kohle mehr habe, ist ja wirklich zu ätzend. Ich könnte paar Briefe schreiben, Kontakte knüpfen. Aber die Bude ist so kalt daß ich gar keinen Bock habe hierzubleiben. Wenn Mama das wüßte würde sie sicherlich die Hände überm Kopf zusammenschlagen, Kind, was hast Du mir bloß angetan. Ich schreib jetzt mal ein paar Adressen raus mit Stichwort, Leute, die auch Leute suchen um was zu machen.

**23h15 ca selber Tag**

Ich komm grad von ner Ausstellungseröffnung zurück. Hab tierisch gefuttert noch 2 Apfelsinen mitgenommen und nen Typ kennengelernt und ne Frau und am Freitag kann ich zu soner Malgruppe kommen. Bei Ronald war ich vorher, morgen geh ich um 2 hin und wir fahren zu

Oktoberdruck wo vielleicht jemand gebraucht wird mit einem Fotografen dessen Vater Lehrlinge ausbildet wo vielleicht auch was gegeben ist. Um 18h30 ruf ich bei einem Typ an der was mit Aushilfsjob an der Hand hat, und zum ICC wollte ich auch noch. Dann hab ich noch ne Tel Nr für ne Schneiderlehre aus der Zeitung, allerdings von letzter Woche, und ne Adresse für Bedienungspersonal auf Kleinkunstfeten. Zur Bank will ich gehen und Duschen will ich auch noch und meine Tage hab ich gekriegt.

Demnächst ist eine Lesung mit Georg Jahnke, mit dem ich auch telefoniert hab der aber keine Zeit hat. Mit Erich hab ich nicht gesprochen, aber ich seh ihn sicherlich mal.

Ich weiß nicht so recht weiter. Diese Ausstellungseröffnungen sind auf jeden Fall prima, allerdings sind oft nur 2 oder 3 interessante Leute da. Einen Typ fand ich super, konnte aber nicht mit ihm reden. Der war mit einem der Akteure da aber ich hab vergessen mit wem. War mir auch zu schwierig, da hätte ich ja meine Komplexe angehen müssen.

Kurz erzählt, aber intensive Stimmung, äußerst. 2,3 Weine getrunken und rechtzeitig die Kurve gekratzt. Ronald meinte ich soll aufpassen wegen Prostitution. Der hat Sorgen. Für mich ist aber in dem Moment alles klar. Ich hab auch Angst vor sowas, jedenfalls in der realen Form Sex gegen Geld, aber ich weiß nicht – ich bin einfach gerne unter Leuten und laß mich auch einladen, manchmal auch von Typen die ich nicht so sympathisch finde – aber dann verdrücke ich mich.

Gefährlich wäre die Situation dann wenn ich an einen Zuhälter geraten würde und irgendwie willenlos gemacht werden würde. Trotzdem merke ich das doch wenn da was abgeht. So sehe ich mich eher in der Position daß ich mich mit Leuten unterhalte die mir zumindest nicht unsympathisch sind. Es ist Prostitution, es ist ein sich-verkaufen, aber nicht als Ware sondern als Mensch.

Und außerdem ist die Frist für die Hdk freie Malerei demnächst vorbei und ich hab keine Mappe ich dumme Kuh. Ich sollte mich echt mal hinsetzen + was tun.

## Mittwoch 7. Dezember 83     5 Uhr früh

Ich blicke nicht mehr ganz durch, hab was getrunken + gekifft. Nun ja. Den Tag hab ich irgendwie verbracht, bin so rumgezogen. War auf der Bank hab Geld abgehoben, dann Duschen, dann zu Ronald, leichten Stunk gehabt + mich von ihm getrennt, im Kukucksei den Georg getroffen, dann ins Wunderbar, Milchkaffee getrunken, dann nach Hause, wo mir der von gestern übern Weg lief, mit dem zu ner Ausstellungseröffnung gegangen, Wein getrunken + Klavier gespielt, dann zum Europacenter, ein Mädchen getroffen, für morgen 23h im Wunderbar verabredet (sie will auch an die Hdk, wir wollen reden), dann zu dem Typ nach Hause, Salat gefressen, dann nach Hause zu mir, Prospekte von der Eröffnung wegbringen, dann wieder ins Wunderbar nochn Milchkaffee, dann mit der Bahn 1 Station bis Hasenheide, wollte in den Tanzpalast Sektor, war aber zu, wieder Richtung Südstern, in ein anderes Cafe, Bier getrunken für 2 Mark was eigentlich 3 kostet, nen Milchkaffee geschenkt gekriegt, noch mit dem Geschäftsführer geplaudert und nach Feierabend noch ein Stück mit gefahren + den Rest zu Fuß gelaufen bis nach Hause. Zwischendurch bei dem Mädchen angerufen deren Karte ich gestern gekriegt habe, aber sie war nicht da + den zweiten Anruf hab ich vergessen, genau wie den anderen Typ mit dem Tütenklebejob, das hab ich auch vergessen. So hab ich eigentlich nur Geld ausgegeben + zuviel gegessen. Aber das Klavierspielen, das war toll, hat echt Spaß gemacht. Ich würd gerne wieder. Hab bloß kein Klavier. Ach hätt ich doch viel Geld. Dann würd ich mir eins kaufen. Im Kuckuck soll eines rumstehen. Da könnte ich mal hingehen. Jetzt hätt ichs noch gerne warm + "cosy" damit ich endlich schlafen kann, und außerdem die nötige Selbstdisziplin daß ich nicht so viel Kaffee und Alkohol trinke. Das beste wäre sich aus der Kneipenszene rauszuhalten + für die Hdk zu arbeiten, daß die Mappe fertig wird. Dafür müßte ich tierisch viel heizen + mich dann konsequent hinsetzen + arbeiten. Aber ich hab keinen Bock. Ich spiele lieber Künstler draußen auf Trebe und gelegentlich male ich auch mal ein Bild. Bloß die Kohle die ist so knapp. Und Sozialhilfe kommt z.Zt nicht in Frage. Am Freitag hab ich noch ein Date mit Lennart im Café Swing um 22h. Bis dahin sollte ich echt mal mit

den Jungs vom AMK quatschen. Bißchen da Kohle ran-
schaffen sozusagen.


## Donnerstag früh 2h30 (des Nachts)

Ich komme grade aus dem Mocca Faux wo ich einen
Milchkaffee zu mir genommen habe und Zitty gelesen
habe, die ich mir im Wunderbar am Südstern gekauft habe
nachdem ich kurz mit der Alten vom Vortag gesprochen
habe, was mich aber abgefackt hat weil die schon so fertig
ist und ich nur Pläne aber nichts konkretes habe. Davor
war ich mit Rolf zusammen der mich hier abgeholt hatte.
Wir waren Essen, d h er hat Pizza gefuttert und ich hab
Kartenhäuschen gebaut + Kaffee getrunken und anschließend sind wir noch zu ihm gegangen. Sonst ist nicht viel
passiert. Vormittags war ich im Cafe Barrikade im Wedding, und der Typ hat total beschissene Musik aufgelegt
sodaß ich bald wieder gegangen bin, total frustriert zu
Karstadt wo ich 1 kg Äpfel und 200 g Haselnüsse gekauft
hab, die ich dann zuhause aufgegessen habe (leider, weil
ich mich hinterher beknackt gefühlt habe). Wege aus der
Sucht könnte man das ganze nennen. Oder in ne neue.
Hab eben noch ein Bild gemalt mit Bleistift, ist aber
nichts besonderes. Die Mappe ist sowieso ein Witz. 8 Bilder hab ich jetzt. Und noch 4 Tage Zeit. Verarschung, ehrlich. Und von den 8 sind 3 schonmal völlige Scheiße. Ich
glaub das kann ich vergessen. Ich bin echt zu langsam für
den Kulturbetrieb hier. Rolf hat mir ein Buch geliehen,
Ausbildungswege für Journalisten, sehr interessant. Aber

heute hab ich genug gelesen, ich mag nicht mehr. Ich seh keine Zukunft für mich. Vielleicht sollte ich Musik machen, das macht wenigstens Spaß. Hab bloß kein Klavier.

Und Angst hab ich, das ich nächsten Sommer weg bin vom Fenster, zu Mama zurückmuß oder sonst irgendein Horror. Alles düster. Scheiße, ehrlich. Keine Lust zu arbeiten und auch sonst, alles Mist. Morgen werd ich einkaufen. Heizmaterial und Kaffee, und mich weiterbilden. Das Buch für Journalismus lesen. Und irgendwann werd ich vielleicht mal genug Patte haben für ein eigenes Haus und ein eigenes Klavier. Scheiße, mir gehts schlecht, ich komm nicht durch. So ein Mist aber auch. In Berlin ist alles möglich, und ich sollte jetzt schlafen. Nacht.

## Donnerstag 8.12.83

Ich war im Forum, Conrad meinte ich könnte mir was Geld dazuverdienen, aber mit Praktikum wär nichts. Danke gleichfalls. Ansonsten hänge ich ziemlich durch. Nach dem Treff mit der alten von gestern igitt kotz. Heute hab ich hauptsächlich gelesen und 35 Mark verfressen und versoffen und eben hab ich mir auch noch in den Finger geschnitten. Mama kürzt mir nun wieder die Kohle auf 300 im Monat was natürlich absolut nicht hinhaut + mich mal wieder vollkommen handlungsunfähig macht. Es bleibt effektiv nichts übrig. Ich würde sogar mit 50 Mark im Monat auskommen, so wie es im Moment aussieht. Ohne Kaffee + Zigaretten, wie es mir vorschwebt. Wenn

ich das schaffen könnte, das wäre toll. Mich soweit durch-
zuorganisieren. Aber das ist verdammt schwierig. Vor
allem seh ich absolut keinen Sinn darin weiterzuleben –
ich bin ganz einfach überflüssig, und wenn ich weiter soviel Erdnüsse, Bier + Eis zu mir nehme dann werd ich
auch noch dick. Igitt.

## Samstag 9.12.83

In 3 Monaten werd ich 20. Wie schön. Dazu muß ich
sagen daß ich mich eben mal wieder überfressen habe.
Deshalb bin ich jetzt etwas na wie soll man sagen angekotzt von allem, was sich wahrscheinlich in einer deka-
denten Art zu schreiben äußern wird. Heute hab ich
versucht aus dem schwarzen Stoff, den ich von Conrad
gekriegt habe, einen Pullover zu nähen. Sitzt aber nicht
besonders, die Ärmel sind nichts geworden. An den Hand-
gelenken müßte ich noch umnähen, das mach ich morgen
oder später. Die Form ist tatsächlich etwas eigenartig, aber
irgendwie ist es doch ganz gut geworden. Ich hab nur
keine konkrete Vorstellung gehabt und wollte wie üblich
nur fertig werden damit. (Kämpf)

Außerdem hab ich noch ne Tasche genäht, so wie die
Mickimouse Plastiktüte von Fiorucci aus Belgien, die ich
immer fürs Duschengehen benutze, weil ihr das feuchte
Handtuch nichts anhaben kann.

Außerdem war ich heute einkaufen. Beim Aldi mußte ich wegen 3,80 DM 20 Minuten anstehen. Es ist wirklich unmöglich. Mir scheint, das ist Geschäftstaktik. Während die Leute anstehen, packen sie noch einen Haufen anderer Sachen ein, die sie ursprünglich gar nicht haben wollten, nur deshalb weil sie sie sehen, und: ach, das kann ich auch noch gebrauchen. Und ich dagegen mit meinen 3 Teilen. Vorne hab ich 4 Nüsse geklaut weil die Walnusstüten teilweise aufgeplatzt sind. War sehr amüsant (Hohn).

Andere Kunden machen es wiederum so, daß sie zu zweit losziehen, einer stellt sich an und der andere läuft inzwischen rum und bringt die Sachen zum Wagen. Dadurch entstehen immer enorm lange Schlangen, an allen 3 Kassen, die die Gänge verstopfen bis zur gegenüberliegenden Seite des Geschäftes. So kommt es das nur der erste Gang leer ist, dort wo die Getränke und das Obst sind. Jedenfalls war ich froh als ich wieder draußen war. Dann hab ich noch Obst gekauft, viel zu viel wie üblich, und neue Briketts damit es auch nur ja nicht kalt wird in der Bude und ich mich bewegen müßte um nicht zu frieren. Gestern abend kam noch dieser eine vorbei, den ich im "Spezialiatäten-Kontor" kennengelernt habe und der mich fotographiert hat. Es war gräßlich. Er wuselte psychisch um mich rum und analysierte mich und wußte alles besser und sowieso wo der Hase begraben lag und lies dieselben Sprüche los wie Ortwin. Ich meinte dann ich glaubte jetzt lieber alleine sein zu wollen und daraufhin ging er, die arme Sau. Der ist aber auch echt zu blöd. Vielleicht hat er was im Kopf aber mir ging er auf die Nerven mit seiner

Fragerei. Lieber Gott, gib doch zu, daß ich besser bin als du…

Danach war ich noch in der Körtestraße am Südstern wo ne Ausstellungseröffnung lief. Lauter bunte hübsche Öl-bildchen, ich kam mir verarscht vor und bin wieder ge-gangen. D. h. gefahren, mit der U Bahn zum Zoo, hab nen "Spiegel" gekauft, bin dann noch Eis fressen gegangen und dann wieder nach Hause.

Alles in allem: ein frustrierender Abend. Der Tag heute ist ja noch nicht zuende, aber ich glaube nicht das ich noch irgendwie weiterkomme. Wenn ich die Dinge um ihrer selbst willen tun könnte, einfach weils Spaß macht sie zu tun, z. B. Tanzen, lesen, schreiben, spielen, lernen. Aber es macht keinen Spaß. Es ist und bleibt ein ödes Geschäft, nichts fesselt mich oder hält mich am Riemen. Nur Men-schen können das, und auch nur wenige, die in der Erinne-rung sowieso übermächtig werden. Jetzt will ich eine Studie über die Apostel-Paulus-Kirche machen, weil sie mir gefällt. Allerdings nützt das niemandem außer mir sel-ber, und ich hoffe dabei auf interessanteres zu stoßen.

Am Montag oder wann immer ich Zeit habe will ich zur Bibliothek gehen und Bücher holen. Ich hab hier noch welche, aber ich guck nicht rein. Is so nervig zu lesen vor allem wenns mich nicht anmacht. Außerdem liege ich un-bequem, mir schläft der Arm ein und meine Schulter wird steif.

Scheiße ey ich dreh mich psychisch im Kreise. Hab Bilder
gemalt bis jetzt und war vorhin nochmal draußen. Hab
wieder Futter gekauft. Scheiße Scheiße ich muß das lassen. Mir gehts so schlecht, und schlafen kann ich so auch
nicht. Und ich warte nur drauf daß ich wieder ein bißchen
Platz im Magen habe um mich weiter vollzustopfen. Eine
schöne Kacke ist das. Vielleicht ein Mineralwassertag
morgen? Ich trau ich schon gar nicht mehr unter Leute.
Gräßliches Feeling ist das.


**Mittwoch 14.12.83**

Ich habs geschafft meine Mappe zur Bewerbung an der
HdK abzugeben. Mit Paßbildern und allen unterlagen. In
ungefähr 2 Wochen erfahre ich mehr, werde aber benach-
richtigt. Also was ich da so gesehen habe was die aus-
gestellt haben von den Studenten vom 3.-8. Semester – es
bestehen glatte Chancen. Ich habe Nr 315. Außerdem hab
ich angefordert die Unterlagen zur Aufnahmeprüfung an
der Filmakademie und Infos für die Journalistenschulen in
München und Hamburg. Und an Großi hab ich nen Brief
geschrieben und sie gleichzeitig gebeten mir 110 Mark zu
leihen für die Gasrechnung die heute gekommen ist. Ich
blick da nicht durch aber anscheinend muß ich alle 2 Monate 110 Mark zahlen und kriege am Ende des Jahres
nochwas wieder. Hoffentlich zahlt Mama mir das. Ich hab
jetzt noch 20 Mark und das ist recht wenig, wird echt Zeit
das die Kohle kommt. 2, 3 Tage reichts ja noch aber dann
ist Schluß. Zum Glück kenn ich schon was mehr Leute die

mich hoffentlich durchfüttern. Vorhin war ich im Kino, hab Neonstadt und The Wall gesehen, mit Shawn und dem Typ schräg unter mir, Hilko. Wahrscheinlich werd ich mit Shawn und der Frau mit der er zusammenwohnt Weihnachten ne kleine Fete machen. Mal sehen wer noch so alles hierbleibt.

Das mit dem Job hat doch nicht geklappt, sie haben jemanden der das alles schon kann und nicht erst lernen braucht. Nun ja. Hab ich Zeit für meine eigenen Projekte, z. B. Malerei. Ich will für die anderen FB's auch noch Mappen machen, und mich auch für die Sachen bewerben für die man eine Sondergenehmigung ohne Abitur braucht (Design glaube ich).

Na denn mal ran! Ausstellungseröffnungen sind auch wieder, Freitag Samstag ausgebucht. Leider ist meine Bude etwas ausgekühlt, so daß mir fast die Finger einfrieren – ich liege auch schon im Bett, obwohl ich noch nicht müde bin. Ich würde wirklich gerne noch einen schönen Apfel essen, Milchkaffee trinken und die Nacht durchmachen aber es ist so kalt und ich werde nur noch aufstehen um die Lüftungsklappen vom Ofen zuzumachen. Im Liegen malen geht sowieso nicht, da wird alles schief. Nacht.

## Montag 27.12.83        22 h 40

Ich hab gut was geschafft heute. Bin zum ersten Mal seit langem vormittags aufgestanden und hab dann den ganzen

Tag gemalt. Draußen war ich nicht, aber es hat auch geregnet. Gegessen habe ich gut, relativ viel geraucht und weniger Kaffee als sonst getrunken. Gleich werde ich ins Bett gehen. Gestern abend ging es mir sehr schlecht. Ich hab einen mittleren Heulkrampf gehabt weil ich mich so allein fühlte. Das war heute nicht viel besser aber ich war mit malen beschäftigt und hab nicht so daran gedacht.

## Dienstag 28.12.83     18 h 48

Ich war heute im Museum in Dahlem-Dorf. Zu herb. Quer durch alle Abteilungen. Im indischen Museum – die härtesten Sachen. Ich hab nur noch geguckt. In Java, in der Südsee, in Mittel- und Südamerika, auf den Phillipinen überall war ich. Im 16. JH bei den italienischen Malern – das Dings ist total durcheinander, und ich auch. Es war einfach zuviel. Und tolle Kunstgegenstände hab ich gesehen.

Dann, als ich nach Hause kam, mußte ich erstmal was essen und jetzt bin ich so satt daß ich kaum noch papp sagen kann. (Dumm von mir). Heute bin ich früh aufgestanden, schon so um halb 8. Dann war ich duschen und dann einkaufen. Dann hab ich ein Bild gemalt, 1 a für meine Verhältnisse. Ein Stilleben mit Brettchen, drauf Messer, Apfel + Nüsse.

## Montag 2.1.83

Ich bin eine schöne Prinzessin im fernen Märchenlande. Auweia ist mir langweilig. Was soll ich bloß tun? Mein Gott ist mir langweilig. Am besten ich frage mal den Kasper, was der so macht. Hallo Kasper, du, wie gehts dir? Mir ooch gut, und dir? Schlecht, weil mir so langweilig ist. Ja was machen wir denn da? Wollen wir nicht ein Spiel spielen? Okay! Spielen wir: Die Hexe kommt dazu und wir sind Hänsel + Gretel im Wald.

Leider muß die Sendung hier unterbrochen werden wegen der Verordnung laut Paragraph sowieso der allgemeinen Verkehrsordnung blabla. Gretel, ich liebe dich. Ja, mein Schatz, ich dich auch. Lüg nicht! Wieso lüge? Ich liebe dich doch! Naja. Das kann ja heiter werden. Wann heiraten wir? Morgen. Okay. Wohin gehst du? Trauringe kaufen. Gut. Ich mach mir so lange ein Kleid.

Gretel geht ins Haus, und als sie wiederkommt, sieht man sie mit viel weißem Stoff und einer Schere sich unter einen Baum setzen. Dort beginnt sie, an dem Stoff herumzuschnippeln und bindet ihn sich um Hals, Hüften und den Kopf so daß es so aussieht als wäre sie eine verschleierte Jungfrau. Da kommt Kaspar wieder, mit zwei goldenen Ringen, die in der Sonne glitzern + funkeln wie zwei Sterne.

So, jetzt brauchen wir nur noch den Pastor. Und was ist mir der Hexe? Die ist Trauzeuge. Hexe? Ja! Komma her!

Was ist denn? Du, wir wollen heiraten. Schön! Und du sollst Trauzeuge sein. Das ist aber nett! Wann gehts denn los? Morgen. Gleich gehen wir zum Pastor und berichten ihm von unserer Idee. Ach da kommt er schon. Der hat wohl Lunte gerochen.

Na meine lieben, ihr seht ja sehr so aus als hättet ihr was vor. Ihr wollt doch nicht etwa heiraten? Nein nein, war alles bloß Spaß. Spielverderber. Doch, wir wollen heiraten. Wer sagt das? Ich sag das. So so. Dann mach du doch die geschichte weiter. Okay also gut. Hänsel + Gretel gingen in den Wald, und trafen die Hexe, soweit kennen wir das ja schon.

Jetzt nimmt aber Hänsel sein Luftgewehr und erschießt die Hexe. So die ist erst mal aus dem Weg, denkt er. Da aber das Luftgewehr nur ein Spielzeug war ist die Hexe auch nicht tot. Sie schleicht sich von hinten an und kascht sich die zwei und sperrt sie in den Ofen und zündet an. Der Ofen ist in Wirklichkeit eine Rakete und die zwei fliegen jetzt zum Mond. Der Mond ist inzwischen wieder untergegangen, also machen sie Kurswechsel in Richtung Sonne. Und wenn sie wegen der Raum/Zeitverschiebung nicht gestorben sind, dann fliegen sie noch immer.


**Dienstag 3.1.83**

Ich will absolut mager sein, ganz lange Haare haben und genügend Geld für teure Sachen haben. LUXUS! Her damit! Ein teures Auto mit Chauffeur – die geilsten Möbel aller Zeiten, ein riesengroßes Haus mit blühendem Garten, hintendran ein Pferdestall mit 2 oder 3 Pferden drin, dann will ich ein eigenes Plattenstudio, ein Klavier, ein Atelier wo ich malen kann bis mir schwindelig wird.

## Samstag 7. Januar 84

Es geht mir wieder mal beschissen. Gestern kam der eine Maler aus Kreuzberg hier vorbei und wir sind noch ein Bierchen trinken gegangen. Dann hat er hier geschlafen und heute morgen ist er abgehauen.

Gestern abend hat er sich noch meine bilder angeschaut und meinte ich hätte gecheckt worauf es ankommt. Und heute bin ich schon wieder völlig am Boden zerstört, überfreß mich wie üblich und komme nicht durch. Ich hab sone alte mit Sonnenbrille gemalt, sehr kühl aber scheußlich. Marylin Monroe aber mit Braunen haren. Es ist genau dieser Typ, eine reine Phantasiegestalt, verkörpert schon von vielen Hollywood Stars und ich bin jetzt auch auf dem Weg dahin. Ich hab das gefühl ich komm nie mehr da raus und nie mehr davon runter.

Gesichter, echt nur Gesichter. Nichts anderes fasziniert mich. Am liebsten malte ich sie in Blau, Rot, Grün, Gelb, in Hell in Dunkel, auf Chinesisch als Hexe, lauter sone Phantasiegestalten die anziehend und abstoßend zugleich sind.

Vor allem mich facken sie ab weil sie anstelle der Realität getreten sind. Reale Connections hab ich keine mehr. Und wenn dann werden sie mißbraucht als Projektionsfläche. Schreckliches Leben. So alleine.

## Sonntag 8. Januar 84

Heute ging es mir ganz gut. Bin früh aufgestanden, hab was rumgepusselt, mich zwischendurch abgefackt, salzige Erdnüsse gefressen, kaum Kaffee getrunken dafür umso-mehr gequalmt, an einem der Terrassenbilder weiterge-malt und noch ein paar Sketche entworfen, unter anderem auch das Haus auf dem sich besagte Terasse findet und was echt schnittig aussieht.

Shit ey ich hab ne Menge Ideen im Kopf, und das geht mir vor, ist mir wichtig das durchzuziehen – aber Leute sind auch wichtig. Der Maler (Namen hab ich vergessen, nee doch nicht Simon hieß er) meinte ich könnte ruhig mal vorbeikommen, würde ihn absolut nicht stören. Aber den ertrag ich echt nur wenn ich besoffen bin und ich will nicht besoffen sein. Mit dem Abends weggehen das haut nicht hin weil ich um halb 11 schlafen gehen will damit ich morgens um 6 h 30 aufstehen kann. Verrückte Zeit. Aber es geht mir besser so. Können wir uns nicht tagsüber sehen? Warum immer nur nachts. Wär echt prima. Noch ein Konflikt. Ich könnte stundenlang in dieser Kunst-bibliothek lesen – aber dann mach ich selber nichts mehr. Andererseits lauf ich mich tot hier, ich brauch Anregungen, wenn nicht von Menschen dann wenigstens aus Büchern. Außerdem komm ich ein bißchen raus auf die Art. Was ich aber eigentlich gar nicht will – ich fühl mich so wohl in meiner Haut, ich mag gar nicht in die Hektik und Rennerei geraten. Und ich komm endlich mal dazu die Perspektive aufzuschlüsseln – bzw es sein zu lassen. Vielleicht ist das echt nicht so wichtig. Was mir bißchen Sorgen macht ist die Phantasie, die die Kostümbildner in der Mappe sehen wollen – was verstehen die darunter? Ich müh mich hier den Kram unter Kontrolle zu kriegen und tret mich damit selber in den Arsch. Schön blöd von mir. Na wir werden sehen. Morgen mal ich wieder. Außerdem muß ich mir mal was für den Schreibtisch überlegen, ich schätze daß der demnächst einkracht. Jetzt hab ich schlechte Laune, nur vom Schreiben. Kacke! Alles große Kacke.

## Dienstag 17.1.84

Ich war heute bei diesen Privatschulen, die aufs Externe Abitur beim Senat vorbereiten. Bei der ersten war gerade keine Sprechstunde, bei der zweiten will ich mich anmelden, d. h. daß ich ein Anmeldeformular 3fach zum Unterschreiben nach Köln geschickt habe, und wenn alles gutgeht kann ich am 6.2.84 (3 Tage vor meinem 20. Geburtstag) zur Schule ins 2. HJ der 11. Klasse gehen. Ist ja wohl ein Witz wa? Kostet 300 Schulgeld im Monat, Ferien wie Berlin üblich, und wenn ich Glück habe bin ich in 2 ½ Jahren mit der Schule fertig und hab das Abitur gemacht. Das Dings (die Schule) ist anerkannt um Bafög zu kriegen also hoffentlich auch die Berufsgenossenschaftsgeschichte. Jetzt soll die Alte bloß schnell machen daß ich da auch hingehen kann und außerdem bin ich schon ganz fickrig auf Antwort am warten die frühestens Montag kommt und das ist zu spät für meine ungeduldige Gemütslage.

Lieber Herrgott im Himmel, betet alle mit mir daß Muttern unterschreibt.

Gestern war ich beim Theater "Weltbühne" und hab Proben angeschaut, da geh ich nachher wieder hin, aber erst um 4. Mann, ich bin mit den Nerven völlig fertig – dieser Wisch ich will das wissen: Ja! Schwarz auf weiß bitte sehr! Und dann Zeugnis packen, 2 Lichtbilder, Lebenslauf + ab die Post zur Schule. Schulausweis ausstellen lassen, zur KVB gehen und ne Schülermonatskarte fürs Gesamtnetz kaufen. Und zwischendurch immer beten beten beten daß das auch ja klappt + nix schiefläuft. Oh Mann oh Mann was bin ich aufgeregt. Wenn ich nur dran denke! ICH !!!

**Freitag 20.1.84**

Hab heute paar Behördengänge gemacht. Ich war beim Meldeamt, nächste Woche krieg ich den Berliner Personalausweis, dann war ich beim Bafög-Amt, das bringts nicht, aber von da aus bin ich zur Rechtsberatung gegangen und hab interessantes erfahren, und zwar daß das Minimum an Unterhalt für mich auf 750 Mark angesetzt wird, ohne Schulgeld. Und daß dieser Betrag einklagbar ist. Jetzt muß ich wohl noch ein Briefchen loslassen an Mama, wo ich sie drum bitte, mir soviel Geld zu überweisen + das Schulgeld, also insgesamte Kosten pro Monat ca 1000 DM. Einklagbar isses. Mach ich auch. Wenn se nicht zahlen.

## Sonntag 29.1.84

Morgen geh ich zur Schule + laß das Formular der Berufsgenossenschaft unterschreiben. Ich hab mich selber an der Schule angemeldet. Im Moment bin ich voll fickrig, hab zum erstenmal seit langem wieder Brot und Eis und Salznüsse gegessen, fühle mich entsprechend vollgestopft und habe meinen mittleren moralischen. Außerdem weiß ich absolut nichts mit meiner Zeit anzufangen, mir ist so langweilig – es ist zum kotzen. Ich hab nur noch Bock auf Essen Essen Essen. Shit. Mir geht alles auf die Nerven. Noch eine Woche, dann fängt die Schule an. Ich krieg mich nicht ruhig, bin dermaßen aus dem Häuschen – und die Zeit krieg ich auch nicht rum. Echte Scheiße. Wenn ich nur ein paar Leute hätte zum was unternehmen oder zum zusammensein. Aber momentan ist da echt nichts gegeben. Außerdem genier ich mich wegen meiner Völlerei. Ich muß mal wieder Diät machen. So ein total Konzept. Morgens einen Apfel, in der Schule einen Apfel, mittags ½ Haselnüsse, nachmittags ½ Haselnüsse und abends noch 1 Apfel. Aber wenn ich nur an Diät oder Essen denke juckts mich, und außerdem hab ich eh nicht die Disziplin.

Gut wär es wenn ich die Sache was lockerer angehen könnte und nicht mehr soviel Angst vor morgen hätte. Ich hab immer Angst vor morgen und bis dahin freß ich noch soviel es geht – wer weiß wann ich wieder was krieg. Das ist ungefähr die Einstellung die der Fresserei zugrunde liegt. Außerdem komme ich immer wenn ich draußen bin an 1000 Freßbuden vorbei, das ist dermaßen verführerisch, und außerdem hab ich effektiv auf nichts anderes Lust. Gestern z. B. hab ich eingekauft, 2 kg Äpfel und 2 x Haselnüsse und dachte, okay, für Samstag + Sonntag, aber denkste. Alles gestern gefressen und dann die hälfte wieder ausgekotzt weil mir so schlecht war. Und heute morgen zum Rathaus Steglitz/Schloßstraße gefahren, 2 Bananen + 1 Pack Haselnüsse gekauft. Später, gegen 1 im Wedding Salat gefressen, eben noch ½ Laib Fladenbrot – und zwischendurch noch ein Eis und Salznüsse. Wie soll das jemals besser werden? Jetzt steh ich kurz davor, in die Bücherei zu rennen und da nochwas zu kaufen, das einzige was mich von abhält ist daß ich geizig bin (nicht soviel Geld ausgeben), daß ich satt bin (siehe vorige Aufzählung) und daß draußen vor der Tür einer seinen Wagen wäscht den ich kenne und der mich eben so leicht verarscht hat, daß ich mir reichlich blöd vorkomme vor dem. Ich weiß aber echt nix mit meiner Zeit anzufangen. Wohin mit mir? Zu wem soll ich gehen? Mit wem reden? Was tun? Mir fällt echt nix ein. Und alleine kann ich nur fressen + die Bücher aus der AGBibliothek lesen. Und dann die Pein wenn ich grad satt bin und einer vorbeikommt. Allerdings kommt nie einer, sehr praktisch. Dann kann ich ja beruhigt weiterfressen. Mir fehlt echt ne sinnvolle Beschäftigung, also ehrlich.

Ziele:                                              Weg dahin:

Nichtraucher sein
dünn sein
schöne Wohnung haben
Abitur machen
genug Geld haben
Freunde haben
malen können ?

1. Abitur, gut in der Schule sein, Bildung
2. gute Figur, lange Haare
3. Gesundheit, nicht rauchen, Sport
4. schöne Wohnung, Möbel
5. Freunde
6. Aussehen

Diät halten, Gewicht kontrollieren,
täglich waschen + Wäsche wechseln
regelmäßig Duschen
pünktlich zur Schule gehen,
regelmäßig Hausaufgaben machen
fragen wenn nicht verstanden,

für Klausuren üben, früh ins Bett gehen, keinen Alkohol trinken,

regelmäßig Sport treiben (Schwimmen, Gymnastik, laufen, tanzen, Yoga), viel rausgehen generell Bewegung, wenig rauchen, ordnung halten, keinen Kaffee trinken, nichts gekochtes mehr Essen, keine Süßigkeiten, kein Geld für Zeitschriften und anderen unnützen Krempel ausgeben

Anziehsachen selber machen, Pullover zuende stricken


## Sonntag 5.2.84

Wie ich die letzte Woche rumgekriegt habe? Fast die ganze Zeit in der Bibliothek. Gestern habe ich zum erstenmal seit Jahren keine einzige Zigarette geraucht. Heute allerdings wieder 10. Ich habe beschlossen, keinen neuen Tabak mehr zu kaufen. Muß Geld sparen, hab nur so wenig. Daß es geht hab ich gesehen. Aber es ist schwer. Muß mich dann pausenlos mit anderen Dingen beschäftigen. Heute war kein so guter Tag. Hab 15 Mark verfressen und ne ganze geplante Tagesration. 3 Tafeln Schokolade, 2 Pizzas, 1 Tüte Haselnüsse und 1 kg Äpfel. Wahnsinn. Dafür bin ich jetzt wieder soweit ne Weile Disziplin zu haben. Morgen erster Schultag neue Schule. Vorher gehe ich noch schwimmen. Hoffentlich checke ich das frühe aufstehen. Zur Bank muß ich auch noch, 300 Mark an die Schule überweisen. Nächste Woche will ich Diät halten und versuchen abzuchecken was in der Schule so läuft. Anforderungen wie weit die sind und was ich an Themen aufholen muß um mitzukommen. Wird wohl ein stressiges Halbjahr werden. Zum Arbeiten werd ich wohl in die Potse 33 gehen, da isses super (Staatsbibliothek). Total gepflegte Atmosphäre, genügend Schreibtische und ne Cafeteria wo man Kippchen rauchen kann. Dafür allerdings keine normalen Bücher, nur so abgehobene Sachen, alles hochwissenschaftlich. Da ist die Amerika Gedenk echt besser. Aber die in der Potse haben Zeitungen, auch ausländische. AGB auch. Ich weiß nicht. Wenn ich was nachschauen muß für die Schule ist AGB besser aber die Atmosphäre in der Potse ist mir angenehmer.

Ich hoffe im Frühjahr meine Bude was einzurichten. Regale brauch ich unbedingt. Und diversen Kleinkram. Wäsche, Klamotten, Schuhe. Ne Badetasche. Handtücher, Bettzeug. Und alles ohne Geld. Wie gut daß ich im Sommer nicht heizen brauche. Die Gasrechnung ist auf 60 Mark für 2 Monate gesetzt worden. Das wird eng die nächsten 2 Wochen: 60 Gas und 35 BVG (März) bleiben mir noch 100 Mark zum leben. Nicht grade üppig. Aber verhungern werd ich nicht. Gehen noch 20-25 Mark fürs Heizen drauf, bleiben 5 Mark pro Tag übrig, grade genug um zu essen.

Ich muß aber noch Schulbücher besorgen, was ich wohl von der jetzigen Kohle machen werde. Sind noch 150 aufm Konto und 15 Mark bar. Wäsche waschen noch, Duschen/Schwimmen, Zitty eventuell und Futter. Es wird hoffentlich ausreichen.

Wenn ich mal nicht soviel Geld ausgebe wie ich das zur Zeit mache (Schnitt: 20 Mark am Tag), werd ich wohl hinkommen. Ach ist das übel. Und Mama hat ein Häuschen, fährt Benz, macht 2x im Jahr Urlaub, trägt schicke Klamotten etc. Volle Perversion. Aus den Augen, aus dem Sinn.

## Dienstag 7.2.84

Heute 2. Tag Schule gewesen. Jeck Jeck. Neben mir sitzt einer, der von einer kirchlichen Privatschule kommt und sich fühlt "wie beim Bund". Ich hab ihm erklärt er hätte ne Macke. War ich sauer auf den heute. In Englisch kam mir das 3. Person Singular s an let im Präsens so seltsam vor, ich hab noch gezögert, und der hat dann so laut geschnippst, da mußte ich was sagen und der Lehrer hat mich dann in Grund und Boden reglementiert. Positiv aufgefallen bin ich da wohl kaum.

Neben mir meinte einer, ich sollte <u>Nie</u> einen Lehrer verbessern. Recht hat er. Hoffentlich ist der Typ souverän genug und fühlt sich jetzt nicht bösartig angemacht von mir. Kein Bock, schon in der ersten Stunde untendurch zu sein. Französisch hab ich auch bei ihm, er fing gleich an mit der Satzstellung mit sämtlichen Ausnahmen und brachte echt die schwierigsten möglichen Fälle an und meinte, das müßten wir jetzt können. Komischerweise checke ich das ganze recht gut. Mulmig ist mir allemal. Heute morgen war ich noch duschen in aller frühe vor der Schule und bin dann noch ganz gut mit der Zeit hingekommen. Morgen früh will ich auf den Markt Winterfeld gehen und nachmittags Wäsche waschen. Am Donnerstag nachmittag duschen und dann zum Frauenarzt, Spirale rausnehmen lassen. Ne neue ist momentan finanziell nicht möglich, weil ich Schulbücher kaufen muß. Englisch + Französisch ca. 30 Mark, Bio 30 Mark und ein Atlas, den ich mir hoffentlich erstmal leihen kann in der Bibliothek, der kommt sicher auf 50 Mark und das ist mir erstmal echt zu teuer.

Mit der ernährung – das Maßhalten will ich lernen. Und ab 9.2. will ich nicht mehr rauchen, d. h. kein Geld mehr für Tabak ausgeben. Heute so 5 geraucht, hab noch ein paar Brösel für morgen, und dann ist Schluß. Wär wirklich prima. Dann will ich mal sehen ob ich nicht was Abwechslung in meinen Speiseplan bringen kann, ewig nur Haselnüsse und Boskops, das macht mich krank. Aber diese Äpfel schmecken zu gut, und die Haselnüsse auch. Bloß nicht so viel. Und auch mal Gemüse wie Tomaten oder Möhren oder Radieschen oder Kohl. Apfelsinen. Überhaupt. Nicht so viel, aber dafür mehr abwechslung.

Also wie ich die Schule sehe hab ich recht gute Chancen, da durchzukommen. Im Unterricht fällts echt nicht auf ob man aufpaßt oder nicht, zuspätkommen kann man, Hausaufgaben gibts nicht oder kaum, essen während des Unterrichts, lesen, stricken, alles drin. Und superklein die Schule. Wenn ich an diese Mammutschulen denke auf denen ich bisher war, echt zum kotzen. Einzig das Landschulheim war da anders.

Aber der Direktor, der ist echt zu herbe. Ein kleines Fettes schmieriges etwas. Direktor Dipl ing KW Sonntag. Echt. Der letzte Wichser ist das. Ist mir aber egal. Ich will meinen Eltern am Ende des Halbjahres ne Kopie des Versetzungszeugnisses schicken, und zwar eines mit lauter zweiern. Die werden dann zwar sagen daß die Schule dann nichts taugen kann, aber das ist mir egal. Vorher kriegen die echt nur im äußersten Notfall was zugeschickt. Die blöden Arschis. Mal sehen, ob ich so durchkomme – aus eigener (Grins) Kraft und mit Mutters Kohle. Aber mit meinem Gehirn, also bitte. Wenn ich bedenke was für einen Wust von ungeordnetem Wissen in meinem Hirn herumschwirrt – lauter ungeordnete Einzelfacts ohne jeden inhaltlichen Zusammenhang – geholt hab ich mir das bei meinen verzweifelten Versuchen die "Wissenslücken" an den anderen Schulen aufzuholen. Möglichst diese Woche noch. Das laß ich erstmal bleiben. Ich mach das was die verlangen aber keinen Schlag mehr – also themenbegrenzt. Das generelle Interesse, das bekommt mir nicht.

Also schon: generell interessiert an dem was da abläuft, was grade Sache ist im Unterricht, und das zu verstehen dürfte nicht allzu schwierig sein. Aber nicht mehr das generelle Interesse an "Chemie" oder "Französisch" querbeet. Wenn man langsam vorgeht und Schritt für Schritt macht gehts echt besser. Ich hoffe daß ich in dem Schutzraum Schule genügend Zeit zur Entwicklung privater Interessen finde. Komisch – das, was ich als Schutz empfinde, empfinden andere in der Klasse offenbar als: in der Falle sitzen, übers Ohr gehauen worden sein. Tja gut daß ich damit keine Probleme habe. Bin froh wenn ich nicht auffalle damit daß ich von Tuten + Blasen Null Ahnung habe. Heute in Chemie eine wirklich allgemeine Antwort gegeben: Daß die Elektronenbindung was mit den Elektronen zu tun hat. Gekicher, Grins. Ich befinde mich des öfteren in solchen Situationen. Zu vorlaut würde der gestrenge Herr Papa sagen. Ich sage: Lieber falsch als gar nicht.


## Freitag 10.2.84          3 h 46 (Nacht)

Mein Geburtstag – 150 Mark von Großi + ein Brief von Gregoris väterlicherseits. Von Norman (sitzt neben mir in der Schule) ein Foto und einen Nachmittag im Kafe Kranzler, abends pizza + Sekt spendiert, dann mit Hans vom 3. Stock ins Empire bis grade eben. Also bis auf die vielen "Genuß"-Gifte ein kommunikativer Tag. Hab heute in Deutsch ne Satire geschrieben. Allgemeines Geschmunzel. Profilierung, super. Imagebildung. Morgen früh aufstehen auweia. Und die vielen Vorsätze. Nicht rauchen, nicht saufen, früh schlafen – alles scheiße. Diät halten – klappt nicht. Hänge voll durch. Moral im Eimer. Kein Sport, keine Bewegung, nichts. Faul wie Sau und dazu noch arm Wo soll das enden. Aber wenigstens geht die Zeit so rum. Zeit die ich eigentlich für mich bräuchte. Ich wollte zum Frauenarzt gehen, war nichts, wollte die Bücher holen – war nichts. Muß ich morgen machen, oder nächste Woche. Das meiste was ich will ist auf der New Wave mitschwimmen. Scheiß Fresserei.

Wenn ich das nur in den Griff kriegen würde. Gute Leute kennen, was unternehmen, was erleben. Sport machen, tanzen, irgendwas konstruktives, und dabei schön werden. Ich hab Angst wieder so abzufacken wie letztes Jahr. Mit dem Futter vor allem. Ich kann Boskop nicht mehr sehen – hab mich aber schon so dran gewöhnt daß ich gar nichts anderes mehr mag.

Mist. Ich ärgere mich über mich selber. Ich hab das so lange durchgehalten mit der Rohköstlerei. Scheiße isses, ehrlich. Ich weiß genau daß mir das nicht bekommt diese Pizzas, Schoko, Fritten – und tu's trotzdem, als ob ich scheißegal wär. Rauche wie ne blöde obwohl ich nicht will. Ich bin mir selber böse, ehrlich. Ich dumme Kuh. Ich will jetzt Diät machen, die nächsten 1 ½ Wochen strikte, danach lockerer. Will diese Scheiße aus mir raushaben, diesen Plastikfood. Außerdem kann ich nicht schlafen weil ich um 2 Uhr noch Kaffee getrunken hab – Mist. Ich mach alles falsch. Hab totales Herzklopfen und bin hellwach, leicht overstoned Kaffee + Nikotinflash. Und zuviel Salz (Fritten, Pizza) wie komm ich da nur wieder raus. Selbstdisziplin ist ne feine Sache, aber um mich rum lauter Sachen die mich in Versuchung bringen, der ich dau-

ernd erliege. Ich müßte mich echt auf einen Berg zurück-
ziehen, in die Einsamkeit um gesund zu leben. Aber das
ist so langweilig ohne Leute. Ach Scheiße. Verzweifeltes
Dilemma. Als wenn ich zwei Personen wär. Die eine baut
Scheiße, die andere wills nicht wahrhaben.

## 21 h 30        selber Tag

Gut rumgebracht. Zuviel gefressen wie üblich. Will zwei
Tage fasten deshalb, Sa und So. Hab ein Paket gekriegt
von Mama. 300 Mark, Schuhe, Armband, zwei Bücher,
ein Fotokalender + ne Karte. Hab gleich nen Brief retour
geschickt, Danke und ob sie mir die Schulbücher rüber-
schickt. Schule war tödlich heute, 4 Stunden Bio, aber
schon um 13 h freigehabt. Hatte ziemlich schlechte Laune
heute wegen zuwenig Schlaf und allgemeinem Frust
wegen Figur. Nachmittags Bibi, fressen, Bibi, abends ein
Bier im FHSS, war zu blöd, nix los, bin wieder nach
Hause. 3 Äpfel, jetzt satt. Deshalb morgen fasten. Eben
Nägel geschnitten. Zu satt um schlafen zu können. Fühl
mich beschissen. Weiß nicht was tun le week end. Langeweile, Frust, Einsamkeit. Und zuviel Geld rumliegen.
Morgen: Duschen, Kohlen kaufen, das wärs. Sonntag: Gar
nichts. Montag: Schule.

Hab doch wieder Tabak gekauft. Ich fühl mich gar nicht
gut. Alles nervt mich. Schon Mitte Februar fast. Noch ein
Monat dann wirds wärmer. Aber richtig warm erst im
Mai. Endlich nicht mehr Heizen müssen.

Ich bin zuviel zuhause, sitze zuviel rum. Zuwenig Bewegung. Hab aber auch keine Lust rauszugehen. Und mit sonem vollen Bauch kann ich noch nicht mal Gymnastik machen. Müde bin ich auch nicht eben wegen dem Bauch. Fühl mich nicht gut. Zuwenig Luft. Müßte Spazierengehen. Führt wieder an 1000 Pizzerias vorbei, schrecklich. Aber spazierengehen wäre gut jetzt. Nur so wegen Bewegung und Luft und Atmen. Dann schlafen. So alleine, so ein Mist.

Kamman da nix dran ändern? Scheiße. Fressen als Alternative? Fressen ist keine Alternative. Ist ein schwacher Trost für das was ich brauche. Substitut. Stricken – kein Bock. Kotzt mich an, jetzt sowieso. Bin zu müde. Würd am Liebsten alles auskotzen – aber dann fühl ich mich noch mieser, außerdem isses ungesund. Aber mein Magen ist so voll, das ist schrecklich. Warum mach ich das bloß? Warum kann ich das nicht lassen?

**Donnerstag 16.2.84**

Hab heute nochmal 2 Lektionen Chemie gemacht, von halb fünf bis halb 10 abends. Gestern und vorgestern je drei. Das Buch ist so ein Selbstlernprogramm. Schritt für Schritt. Aber heute hat mich das zum Schluß echt angekotzt. Obwohl ich so ganz gut mitkomme. Heute sind die letzten beiden Stunden ausgefallen, und wir hatten schon um 12 h frei. Ich war Duschen + wollte zum Frauenarzt, aber der ist zur Zeit in Urlaub.

Am Dienstag war ich im Kino mit Norman in Harold + Maude, super. Am Samstag will er vorbeikommen. Erst hatte ich absolut keine Lust, inzwischen ist mir der Gedanke nähergekommen. Morgen hab ich Mathe, Franz und Erdkunde.

Der Geschichtslehrer scheint auf mich abzufahren. Hoffentlich bleibt das so. Montag, Dienstag und Mittwoch hab ich Diät gemacht. Heute kam ein Paket von Mama wo sie alle Bücher von mir reingepackt hatte, bloß nicht die die ich haben wollte, dafür eines für das ich noch ne extra Karte nachträglich geschickt hatte. Jedenfalls hat sich das bei mir wieder in Form eines Freßflashs bemerkbar gemacht, 4 Tafeln Schoko, 2 Tüten Chips, 1 ½ Kilo Äpfel und 200g gesalzene Erdnüsse. Jetzt ist mir schlecht. Dabei war ich so stolz daß ich das gecheckt hatte die 3 Tage. Ich hab wirklich fast nichts gegessen und mich schon richtig ätherisch gefühlt.

So will ich aber auch weitermachen. Nur ganz wenige Kalorien am Tag, wegen dem Winterspeck. Mein Arsch ist richtig fett geworden und meine Titten hängen runter. Schrecklich. Griechische Matrone. Aber diese Lieblosigkeit meiner Mutter, die macht mich fertig. Ich möchte wissen wo die ihren Kopf hat. Am Arsch wahrscheinlich. Sie denkt mit dem Arschloch. Bzw überhaupt nicht. Schon gar nicht daran, daß diese Bücher vielleicht wichtig sein könnten. Es ist zum kotzen. Da geb ich 60 Mark für Bücher aus (von 300 im Monat) und jetzt sind sie weg. Scheiße. Die Französisch Bücher hab ich auch nicht.

Keine Ahnung wie ich das checken soll. In Franze blicke ich echt nicht mehr durch, in Englisch genausowenig. Der Typ hats mit der Grammatik, aber ich nicht. Pustekuchen Leistungskurs. Is aber egal. Opportunistisch wie ich bin nehm ich das was mir am leichtesten fällt. Und das ist bestimmt nicht Grammatik. Der alte gehört sowieso in ein Altersheim. Hat schon richtige Triefaugen. Ein Relikt aus Kaiserzeiten. Wahrscheinlich Alt Nazi, aber viel zu unbedeutend um bestraft worden zu sein.

Jedenfalls – ich muß morgen früh aufstehen. Frustriert bin ich allemal, Regale hab ich immer noch nicht, müde bin ich sowieso und Bock hab ich schon lange nicht mehr.

Heute war schönes Wetter aber saukalt. Der Ofen ging nicht an zuerst, und ich hab meine ganze Pappe verheizt. Wollte neue holen aber die im Laden unten hatten grade keine, erst morgen wieder.

Norman meinte ich wäre destruktiv als ich nicht wußte ob ich Samstag Zeit habe. Woher soll ich das wissen? Hab schließlich zugesagt auf 3,4 Uhr. Nun ja. In der Bibliothek war ich aber das hat ich echt nicht fasziniert. Hab mir ein Biobuch ausgeliehen und eins zur EG für Erdkunde. Bio wegen Atmung. Ich hab erst in zwei Wochen wieder Biologie, ich müßte mich echt hinsetzen und schauen was die so gemacht haben, ich hab gut Zeit zum nachholen. Aber Chemie ist auch ganz schön wichtig. Hab ich nächste Woche wieder. Beide Fächer bloß 1x die Woche. Frage wie die so ein Abiturpensum schaffen wollen. Ich werd wohl ganz schön ranklotzen müssen, ich seh nämlich ganz andere Anforderungen auf mich (uns) zukommen. Im ersten HJ werd ich versuchen die Grundlagen aufzuholen. Bzw z.B. in Chemie, Bio überhaupt mal was zu machen. Ich glaub nicht daß das ausreicht, was die da im Unterricht behandeln. Wenn die Prüfung auf dem Niveau abläuft, gut für mich. Wenn nicht, was ich befürchte ist es besser jetzt schon mit pauken anzufangen damit der Kram echt sitzt. Englisch, Franze, Mathe, Deutsch, Bio, Chemie, Erdkunde, Geschichte – überall fit sein. In der Blissestr., Pädagogisches Zentrum die Prüfungsanforderungen rausschreiben und dementsprechend lernen. 1 ½ Jahre Zeit – ich bitte Sie, das muß doch reichen. Und mir alle mal. Und dann bezahl ich auch noch dafür daß ich mich quälen darf. Es ist nicht zu fassen.

## Sonntag 19.2.84

Ich hab schreckliche Tage hinter mir. Hab keinerlei Naturfood, sondern nur Degenerationsfraß gegessen. Resultat: Die Haut an Schenkeln + Bauch ist zu eng für das Fett – meine Beine Quellen auf – ich hab bestimmt 3 - 4 kilo zugenommen und tierisch viel Geld ausgegeben. Dafür hab ich eben den Laurens Bertold in der Pizzeria getroffen + mich mit ihm unterhalten. Eventuell wird er bei mir Englisch lernen, 2x die Woche 2 Stunden à 10 Mark. Er meinte ja und fuhr auch ziemlich auf die Idee ab, hatte allerdings auch schon 3 Bier intus.

Ich fänds gut vom Geld-Verdienen Aspekt her. 40 Mark die Woche, nicht schlecht. Aber die sind Bedingung. Und sein Wille zu lernen. Ich hoffe ja daß er mich in Ruhe läßt. So ist er ganz nett, aber mehr auch nicht und ich hoffe er hält sich im Zaum. Das andere ist, daß ich von nun an wieder auf Ökofood und Bewußtsein umsteige. Nur: Es jetzt zu sagen + morgen anders zu handeln – das bringts nicht. Aber nur die Zeit, die ich das durchhalte, zählt. Und das Gift ist erst in frühestens 2 Wochen wieder abgebaut. Und ich fühl mich so schlecht, so hundsmiserabel, so down + out – zum kotzen.

Hilf mir doch einer. Ich ertrinke.

Ich sage mir Nein – nur um es doch zu tun. (Das Gift fressen, rauchen). Das Bild Pizza im Kopf – und ich springe auf, renne zur Pizzeria, und das täglich. Manchmal zwei auf einmal. Das ist nicht genug – auf zur Frittenbude. Dann in die Eisdiele. Und immer so weiter. Aber nie mit jemandem reden, kein Lachen kein weinen. Keine Unterhaltung, kein Gespräch zwischen Menschen, Null-Kommunikation. Zu beschissen.

Und lernen. Chemie war echt zuviel. Geistiges Gift. Macht den Kopf wirr. Ich bin auch wirr wegen dem Gift in mir. Aber ich will runter davon. Will das nicht tun, es ist auch nicht nötig. Will dünn sein, schön sein, gepflegt sein. Nicht so ein schmieriges, stinkiges Etwas. Morgen mich anziehen, waschen und zur Schule gehen und von nun an wieder öko Leben. Tschüß.

## Di 21.2.84

Ich bin gestern zu Ikea gefahren + hab Seitenteile für 2 Regale gekauft und heute zwei Bretter + ne Lampe. Morgen will ich noch zwei Bretter holen, und dann reichts erst mal. Mit der Futterei, das ist ne üble Sache. Die Haut an meinen Beinen spannt schon. Dafür bin ich gestern und vorgestern morgens schwimmen gewesen. Montag 10 Bahnen, heute 12 Bahnen. Morgen will ich 14 schaffen. Hoffentlich checke ich das so früh aufzustehen.

Mit dem Geld komm ich nicht zurande. Ich müßte Bücher kaufen, aber das geht momentan nicht. Die wichtigsten Sachen hab ich mir jetzt abkopiert. Demnächst brauch ich aber einen Linder für Biologie und Französisch Bücher. Nicht wegen dem was da drin steht – bloß wenn wir in der Schule damit arbeiten brauche ich den Text zur Orientation und um mitreden zu können. So hoffe ich, mir erstmal behelfen zu können in der Bibliothek + mit abkopieren. Dann ist da noch ne neue Spirale und die Stromrechnung und die BVG Karte für März. Dazu kommen noch reine Lebenshaltungskosten, wie Heizen, Dusche/Schwimmen und Wäsche waschen sowie Nahrung. Jetzt hab ich noch 140 Mark bar und 300 aufm Konto. Minus 100 Strom + BVG macht 340 Rest. Minus 10 Mark Heizen bis 1.3. macht 300. Dann will ich mir noch einen Fußbodenbelag kaufen, kommt auf 40 Mark erstmal, später mehr, macht 260. Der Linder 30 (R230), Franzbücher 30 = 200, Wäsche 10 Mark, Duschen 10 Mark Rest 180. Spirale weiß ich nicht wieviel, kann aber noch verschoben werden. Essen ca 5 Mark pro Tag, also noch 50 Mark weg, Rest 130. Tabak – 10 = 120 Mark. Das wärs. Kommt ja doch hin. Allerdings brauch ich noch Schuhe – 50 Mark und ne warme Decke – 50 Mark = Rest 20 Mark und davon geh ich Eis futtern… Nee das letzte stimmte nicht. Aber die Gasrechnung vom April, die kann ich ja jetzt schon einkalkulieren und auf März + April verteilen. 30 Mark Übertrag machen. Die BVG Karte muß auch sein. Heizen brauch ich hoffentlich nicht mehr so lange. Aber was ich noch brauche sind die hiesigen Zeitschriften sowie der Mode Klüngel der mir so viel Spaß macht. Da geht auch noch Geld bei drauf. Das allerwichtigste Momentan ist mir aber meine Einrichtung. Am liebsten hätt ich soviele Regale daß ich den Bretterkram rausschmeißen kann. Ich will hier alles durchsortieren und Ordnung schaffen. Und alles überflüssige raus. Leider hab ich gar nicht soviel überflüssiges. Aber das was ich hab will ich wenigstens vernünftig unterbringen, dann isses hier auch nicht mehr so chaotisch.

Außerdem brauch ich einen Arbeitsplatz + eine Fläche für den Schulkram.

In der Küche will ich auch Regale haben. Dieselben wie im Zimmer, bloß nicht so tief (31 cm statt 51). Das ist auch nicht so teuer. (7,50 statt 15,50 pro Regalbrett). Die Lampe war billig. Hat bloß 15 Mark gekostet.

Pflanzen will ich auch noch holen. Bei Ikea gibts unheimlich schöne, und auch nicht teuer. Für 30 Mark krieg ich schon einen kleinen botanischen Garten. Dann wirds hier wohnlich.

Ich möchte doch mal wissen, ob es überhaupt möglich ist, daß ich jemals mit mir zufrieden bin und mich wohlfühle.

Im Moment fühle ich mich unwohl

1. körperlich: zu voller Magen, spannende und juckende Haut
ausgetrocknete Schleimhäute
Kratzen im Hals
verspannte Schultern

2. psychisch: Schuldgefühle wegen der Freßorgien, Miese Laune wegen der zugenommenen Kilos und der "Charakterschwäche"

Andererseits gibt es aber auch Dinge die mir guttun

1. psychisch: Lutz neben mir, der ist mir sehr sympathisch

außerdem find ich das gut daß ich die Regalteile rangeschafft habe

2. körperlich: daß ich zwei Tage lang morgens früh aufgestanden bin + schwimmen war.

Das Gesamturteil ist starken Schwankungen unterworfen, eben so, was mir am stärksten im Gedächtnis ist. Daß ich für die Schule gearbeitet habe, das finde ich auch gut.

Ein Tag, der gut ist:

1. Bewegung
2. Diät (Naturfood)
3. kein Nikotin
4. kein Koffein
5. mit Leuten zusammensein, Kontakte pflegen
6. ins Theater gehen
7. was zum anziehen nähen
8. Zimmer aufräumen, einrichten
9. Wohnaccessoirs kaufen
10. was für die Schule tun
11. und immer wieder Bewegung
12. Diät
13. kein Nikotin, Koffein, sonstige Gifte.

## Freitag, 24.2.84

Vorhin, so gegen halb 5, war Shawn hier. Ich befand mich allerdings mitten in einer Freßorgie und hatte gerade keinen Nerv, mit ihm ins Kino zu gehen. Wir haben uns kurz was unterhalten und dann ging er wieder. Ich hatte heute einen guten Tag, bis zum Einkauf bei Bolle, wo ich zuerst nur gesunde Sachen (Obst + Gemüse) und beim zweitenmal nur Scheiße (Chips + Schokolade) gekauft hab. Kurz vor Ladenschluß war ich dann noch bei Bilka (Brötchen + Wurst + Käse + Schokolade) und habe einen Brief an Großi eingeschmissen. Ich hab ihr erzählt daß ich mir Regale gekauft habe und mich in der Schule ganz wohlfühle und daß ich in Mathe eine 1 geschrieben habe. Das hab ich heute bei den Gemüse Fritzen erzählt, und die kriegte sich gar nicht mehr ein und meinte da müsse ich wohl einen ganz besonders Guten Tag gehabt haben, sowas gäb es, wenn auch nur selten.

In der Schule war Lutz nicht da, dafür war Norman um so blöder. Ich bin dabei, mir eine Antipathie gegen ihn aufzubauen. Der hat sowas wie einen Beschützerwahn für mich – und das nervt mich. Ist zwar auch schmeichelhaft, aber sowas wie Lutz ist entschieden spannender. Allerdings könnte ich mit Lutz nie sowas wie ne Freundschaft aufbauen wo man schwächen zugibt – der scheint mir eher für sowas wie ne Schauspielerehe geeignet zu sein. Das ist sowieso voll herbe, wie ich auf den abfahre. Jamal hat ne Geschichte erzählt über Lutz: Lutz und ein Freund hätten bei irgendeiner Wette ein Mädchen besoffen gemacht, ausgezogen und unter die Dusche gesteckt und Photos gemacht, und anschließend das Mädchen wieder nach Hause gebracht. Die hat gepetzt und die Eltern sind zu Lutz' Eltern gegangen, woraufhin Lutz' Eltern ihn rausgeschmissen haben, und jetzt wohnt er bei seinem Bruder. Ich hab ihn drauf angesprochen, aber ganz locker, er meinte "ach, Jamal" und daß er wirklich bei seinem Bruder wohnen würde. Außerdem ist er nicht vorbestraft (So kriegt man Infos über eine Person zusammen). (Meine

Krankhafte Neugier wird mich noch weit bringen). Lutz hat übrigens auch eine 1 in Mathe, was mich wundert, weil der ziemlich viel blau macht. Entweder er ist super-intelligent oder er paukt zuhause nach. Ich hatte mich montag früh noch hingesetzt und das ganze durchgearbeitet, war also einigermaßen vorbereitet.

Was mir Sorgen bereitet ist, daß ich praktisch in 2 Wochen von gesund auf krank umgestiegen bin. Ich merke: Entzündungen im Mund, und außerdem hab ich glaube ich wieder Mundgeruch, der aus dem Magen kommt (Schätze: Verdauungsgerüche des üblen Fraßes). Vorhin hab ich einen Teil wieder ausgekotzt. Am Wochenende will ich etwas gesünder leben (nahrungsmäßig) und vor allem mehr trinken. Ich bin momentan entschieden zu nervös, richtiggehend hibbelig, dünnhäutig, von Ruhe + Gelassenheit keine Spur, was sicherlich auch mit dieser vielen Schokolade zu tun hat.

Ich glaube, die hat nicht nur keinen positiven Wert sondern sogar ausgesprochen negativen: Kurz: sie ist schädlich. Ich hoffe, am Wochenende eine mittlere Entgiftungs- und Entschlackungskur durchzustehen und in der kommenden Woche keinen Scheiß zu essen, sondern ausschließlich wieder gesunde Nahrung.

In Bio der Lehrer meinte, man müßte pro Tag ca 3 l Flüssigkeit aufnehmen. Ich zur Zeit höchstens 1 – 1 ½ l. Da war ich aber schonmal, an dem Punkt, als ich feststellte daß ich deshalb soviel futtere weil ich nicht genügend trinke. Und jeder feste Fraß verschlimmerte die Sache noch. Jetzt denke ich dran, auf Mineralwasser statt Leitungswasser umzusteigen, weil das gleichzeitig sättigt. Leitungswasser läuft halt nur so durch.

Morgen will ich nochmal zu Ikea und weitere Regalteile holen, und zwar die beiden äußeren Anbauten: 2 Seitenteilsätze und vier Regalbretter. Aber ob ich das schaffe: 3 Fahrten hin und zurück bis 14 Uhr? Außerdem muß ich noch Kohlen holen und Duschen gehen.

Jetzt weiß ich gar nicht mehr wann die Aufmachen (8 oder 8h30?). Für eine Ladung kann ich 1 ½ Stunden mindestens einplanen. Aber wenn ich um 9 h duschen gehe, bis halb 10, dann noch Kohlen hole, isses 10 und ehe ich bei Ikea bin isses 11. Und wieder zurück = 12 und wieder hin = 13, dann zurück ist egal wann. Also zwei Ladungen kann ich schaffen. Das reicht bloß nicht… Wenn mir einer helfen würde – aber ich glaub ich schaff das auch alleine. Ist vielleicht auch nicht so schlimm, wen ich nur 2x fahre. Wenn ich das packe, einmal die 2 Seitenteile und die Bretter zu tragen, dann ginge es wohl. Das beste wäre ein Auto. Genügend Geld für alles hab ich. Ich kenn bloß keinen der ne Karre hat, allenfalls Simon Kabass aber auf den hab ich keinen Nerv (und wegen meiner optischen Veränderung → Verdickung). Da warte ich lieber bis ich wieder ansprechend aussehe. (Prost Leitungswasser). Ansonsten gehts mir gut. Nacht.

## Donnerstag 1. März 84

Eigentlich wollte ich heute mit der Diät anfangen, hat aber nicht geklappt mangels Disziplin. Jetzt isses 22 h 30 und ich hab einen total vollen Bauch, sodaß ich wohl kaum schlafen können werde. Scheiße.

Wenns klappt, mach ich demnächst einen Basic Kurs an der Schule mit. Kostet 55 Mark und dauert 8 Wochen.

Gestern bin ich in English drangekommen, übersetzen an der Tafel. Erst dachte ich ich könnte das gar nicht, dann gings aber doch und ich bin noch für meine Schnelligkeit gelobt worden vom Kiessling und Lutz meinte ob ich zuhause geübt hätte. Dabei war das ein Tag wo ich am liebsten gar nicht erst zur Schule gegangen wäre. Ich hab mich dann allerdings überwunden. Morgen hab ich einen Doppelblock Bio vor dem mir graut. Und ich denke ich werd mich gleich mal übergeben damit ich überhaupt zur Ruhe komme. Ich hab schon den totalen Flattermann, weil ich kaum noch Vitamine esse, nur noch Scheißkram und fast nichts trinke, deshalb auch ständig hungrig bin.

Vorhin war Shawn da, aber ich hab nicht aufgemacht. Mir war das echt zu peinlich da ich mich gerade mitten in einer Freßorgie befand. Armer Shawn. Aber Nerv hab ich auch nicht auf ihn.

## Montag 5. März 84    0 h 27, also schon 6.3.

Samstag bekam ich einen Brief von Großi mit 10 Mark
darin für den Mathe Test. Freitag und Samstag abend war
ich im Konkurs, früher Music Hall, das war ganz gut. Hab
andauernd mit Köln verglichen. In gewisser Weise ähnelt
der Laden dem Luxor, aber die Musik ist entschieden besser. Kostet 3 Mark Eintritt, Bier auch 3 Mark und hat die
ganze Nacht auf. Freitag hab ich die letzte U Bahn genommen, Samstag bzw Sonntag den Nachtbus um viertel
vor 5.

Sonntag hab ich mich leicht verkatert und sehr wohl gefühlt und bin abends schon un 9h ins Bett gegangen.
Heute lief das allerdings nicht, es war wieder das alte
Übel, gestresst aus der Schule in den nächsten Futter-
laden. Bilanz: 3 Tüten Chips, 4 Tafeln Schokolade sowie
diverses Obst. Ca 10 Mark zuviel ausgegeben. Die 300
Mark Schulgeld für März hab ich überwiesen und die Bücher in die Bibliothek gebracht, außerdem die Deutschlek-
türe gelesen sowie Bio gemacht.

Heute haben wir nen Deutschtest geschrieben, was mir
sehr peinlich war weil ich das Buch eben noch nicht gelesen hatte (Hab die Aufforderung dazu nicht mitgekriegt.
Also hab ich mir dann einen aus den Fingern gesaugt und
gemutmaßt. Morgen wird ein schrecklicher Tag. 2 Blöcke
Kiessling und dann Chemie. Mir grauts jetzt schon. Außerdem kann ich nicht schlafen, mein Bauch ist noch zu
voll.

Ach wär ich doch wieder bzw noch so dünn wie vor 1 Monat. Ein großes Übel hat sich da meines freien Willens bemächtigt. Die gier die mich jeden Tag zum Fressen von irgendwelcher Scheiße treibt. Ich wär vorhin beinahe noch mal losgezogen zur Pizzeria, nachdem ich noch um 8 h 2 Tafeln Schoko an der Frittenbude geholt hab. Am Sonntag war ich in der Bäckerei und die eine Verkäuferin tuschelte was von "Das ist die, von der ich dir erzählt hab", und was von "krankhaft". Auf der Straße seh ich nur noch häßliche verfettete Menschen, die sich von billiger Aldi Scheiße ernähren – genau wie ich momentan. Eine gräßliche Entwicklung. Und dieser Streß momentan. Ich komm überhaupt nicht mehr zur Ruhe, bin ständig aufm Sprung. Allerdings ist mir neulich aufgefallen daß die Fresserei in etwa da anfing, wo ich's Kaffeetrinken aufgehört habe, möglicherweise deshalb weil ich nicht mehr genug getrunken habe.

Neulich hab ich was gelesen von einem Kind, was ne Bleivergiftung gehabt hat weil es bleiverseuchtes Leitungswasser getrunken hat. Ich trinke z Zt auch Leitungsasser. Noch lebe ich (wie lange noch?)

Mann ey, und ich hab bloß noch so wenig Kohle. 25 bar und 60 aufm Konto. Sowas macht mich auch immer voll fickrig. Führt bloß nicht dazu daß ich in irgendeiner Form haushalte, sondern im Gegenteil dazu daß ich das Geld für jeden Blödsinn rausschmeiße, momentan für Junk-Food. Ist echt der richtige Ausdruck. Ich fühl mich auch schon wie ein Mülleimer, ehrlich.

Im Konkurs war ich mit Sanja. Freitag haben wir uns um 10 an der U Bahn getroffen, für Samstag um 10 Uhr im Konkurs verabredet, aber sie kam erst um halb 12 und ich stand alleine rum. War aber nicht schlecht. Ich verhielt mich nach üblichem Muster: Bierchen trinken, abwechselnd saufen und rauchen und dann sogar dancen. Hab mich richtig verausgabt die Nacht. Gelegentlich sogar mal außer Atem gekommen, ganz was neues bei meinen ewigen Komplexen. Ah ich will dünn sein! So schön dünn wie vorher, ganz mager, noch magerer, ohne Bedürfnis nach Schokolade oder sonstigem Scheißkram. Hätt ich das Zeug bloß nie kennengelernt. Man sagt ja, da wär ein Stoff drin, der im Gehirn was auslöst was sich so ähnlich anfühlt wie verliebt sein. Dann wär ich aber lieber dünn und verliebt also schoko-fett und illusioniert. Lieber Wahrheit als Lüge. In den Spiegel gucken fällt mir allerdings ziemlich schwer. Ist recht peinlich mitanzusehen was mit meinem Body passiert. Äußerst unangenehm sogar. Das ganze fing an zwei Tage nachdem ich mich mit diesem blöden Norman zusammen war, mit dem ich jetzt kaum ein Wort mehr wechsle. Bäh. Der ist so wie ich nicht sein will. Scheiße.

Ich überleg grade, ich könnte den morgigen Tag mal unter ein Motto stellen, z.B. Abnehmen (wie originell) Nee aber mal ernsthaft. Gut wäre, wenn ich mich selber beköstigen würde, meint: Die Verantwortung dafür übernehme daß ich mich anständig übernehme (← freudsche Fehlleistung, wollte sagen ernähre). Ich übernehme mich tatsächlich. Von allem etwas zuviel. Zuviel essen, zuviel Schlaf, zu viel lernen und dabei: zuwenig Spaß, zuwenig Erfolg, zuwenig Kontakt. Bloß – es ändert sich nichts. Ich hätt das gern, daß ich wieder Jungs nervös machen kann durch Blicke, durch Anwesenheit, daß ich ganz locker die größten Frechheiten loslassen kann. Im übrigen habe ich, seit ich wieder Scheiße fresse üblen Geschmack im Mund, was nicht gerade zu meiner Selbstsicherheit beiträgt, da ich fürchte aus dem Mund zu riechen wie es schmeckt und das ist gräßlich. Also, das einzig positive was ich sehe ist daß ich so oft schwimmen war in der letzten Zeit, daß ichs gecheckt hab so früh aufzustehen. Für morgen ist das allerdings in Frage gestellt, da es jetzt bereits 1 Uhr ist, also ziemlich spät und ich mich noch recht wach fühle, eher sogar hektisch bis speedy. Also ich glaube, ich sollte meinen Speed mal was ausagieren statt mich immer selber fertig + müde zu machen by overeating and overdoing. Shit. Also diese Schule, das ist wirklich der größte Mist auf Erden. So ein unorganischer Lebenswandel den man da führt. Ich fühl mich im Night life bei lauter Musik und Leuten um mich rum + Bier im Kopf entschieden wohler als auf dem kleinen Stühlchen hinter meiner Schulbank zwischen Norman und Lutz, wenn der mal da ist, andächtig den Ausführungen des jeweiligen Fachlehrers lauschend, eifrig mitschreibend um nur ja nichts zu verpassen etc. (Das wärs auch schon). Chemie macht mir sorgen. Ich hab nämlich immer noch keinen Dunst was die so behandelt haben. Hatte mir so ein Workbook ausgeliehen, aber das war zu schwer, so daß ich beim 17. Kapitel aufgehört habe, weil ich nichts mehr checkte. Zur Atom + Ionenbindung bin ich leider nicht vorgedrungen.

Das neue Buch das ich mir heute aus der Bibliothek geholt hab ist ebenfalls zu hoch für mich, das einzig brauchbare darin ist das Periodensystem, das werd ich mir abkopieren. Und dann das Buch wieder abgeben. Mist. Morgen hab ich Chemie, ich muß auf jeden Fall mal rumfragen wer mir mal seinen Ordner leiht, damit ich da mal reinschaun kann. Ich hab so den Verdacht daß es besser wäre morgen nicht zu Chemie zu erscheinen, wegen Test. Der hat zwar nichts gesagt, aber ich hab so ein dummes Vorgefühl.

## Mittwoch 7.3.83

Morgen 1. Block: Bio Klausur. Momentan: Vollgefressen, AFN im Hintergrund, 20. Kippe heute, 2 Briefe angefangen an Britta + Manfred Erlebach aber wieder weggeschmissen. Heute 30 Mark ausgegeben, Rest noch 30. Und noch 8 Tage bis nächste Kohle kommt. Diät will ich auch machen – so gehts nicht weiter. Aber jeden Tag wenn ich aus der Schule komme fühl ich mich so gefrustet bzw geschlaucht daß ich erstmal was lesen + fressen will. Leider artet das dann immer aus. Ich habe bereits entzündete Mundwinkel + leide unter tierischem Durst von den vielen Kartoffelchips. Der Jazz im Radio macht mich auch voll kirre. Habs leider nicht gecheckt noch Bio zu machen – zu nervös. Mal sehen wie das morgen läuft. Die Atmung überblicke ich einigermaßen, die Exkretion weniger. Hoffe daß ich einigermaßen durchkomme. Am Wochenende will ich in die Disko. Noch 2 Schultage dann endlich. Hab heute morgen bis 9h gepennt, 12 Stunden lang, war immer noch müde + bins jetzt schon wieder. Ich werd gar nicht mehr richtig wach. Außerdem leide ich an Vitaminmangel. Ich will das endlich wieder durchziehen. Entschlacken. Wasserkur mit Zitronensaft machen und im Bett liegen bleiben so lange ich Bock hab. Und abends in die Disko gehen. Und abnehmen. Mann! Warum bin ich bloß so willenschwach + verfressen – es ist gräßlich. Ich will das ändern

HILFE ! Ich wiege 68 kilo nee 67 und fühle mich ZUM KOTZEN ! SO HELFT MIR DOCH ! GNAAAAA !

Ich glaub ich hab in 1 Monat 10 kilo zugenommen! Das gibts doch nicht! Das darf nicht wahr sein!

Hilfe ich verrecke!


**Donnerstag 8.3.84**

Die Bio Klausur heute war nichts. Ich kam mir vor als würde ich Wissen aufs Papier kotzen. Ich hab kaum was geordnetes hingekriegt. Beim ersten Teil der Arbeit fiel mir wenigstens noch was ein, aber der zweite Teil da war nichts mehr. Das war das was ich nicht wiederholt hatte. Heute in Deutsch wurde das besprochen was ich im Test über den Geheimrat gesagt hab, in etwa daß er das Opfer der Fürsorge seiner Tochter war. Den letzten Block hab ich Blau gemacht, weil Vertretung war und 50 – 80% der

Klasse gegangen ist. Morgen noch Französisch und noch 2 Vertretungsblocks – am liebsten würd ich gar nicht hingehen und stattdessen ein langes Wochenende einlegen. Mann, ich bin vielleicht pleite. Hab noch 25 Mark, und das muß noch eine Woche reichen. Für Schwimmen + Essen. Und ins Konkurs will ich auch noch gehen. Aber mit Bierchen trinken ist wohl nichts. Höchstens vorher ne Dose Bier saufen. Sonst halt ichs da auch gar nicht so lange aus. Außerdem geniere ich mich sowieso zur Zeit. Ich fühl mich sowas von häßlich und unattraktiv igitt. Zudem hab ich auch noch Angst um meine Gesundheit. Mann ich muß mich endlich am Wickel kriegen, sonst siehts schlecht aus. Mangelnde Selbstdisziplin. Scheiß fresserei. LANGEWEILE + FRUST

## Freitag 9. März 84

Ich war heut nicht in der Schule. Bin zwar rechtzeitig wachgewesen zum 1. Block aber wieder eingepennt. Außerdem waren 2. + 3. Block Vertretungsstunden und das hat sich halt echt nicht gelohnt. Stattdessen bin ich um 10h aufgestanden, hab bei Bilka ein Frühstück gekauft (3 große Brötchen, 1 Croissant und 400g Nusspli) und mich mit ner Zeitung wieder ins Bett verzogen. Dann bin ich wieder eingeschlafen und so gegen 3 Uhr aufgestanden und Duschen gegangen. Mein Kreislauf macht mir Sorgen momentan, ich hab Schweißausbrüche und fühl mich völlig ausgelutscht. Jedenfalls hab ich mir dann noch ne Tüte Chips gekauft welche ich eben aufgegessen habe. Nun liege ich aufm Bett und schreibe Tagebuch gegen die Langeweile, die sich meiner bemächtigt hat. Heute abend werde ich wahrscheinlich ins Konkurs gehen, obwohl ich teuflisch wenig Kohle hab. Ansich echt zuwenig, nämlich bloß 18 Mark noch – davon Brauche ich 8,50 um bis Donnerstag duschen zu können und denn Rest um zu essen. Das sind gerade 10 Mark für Sa, So, Mo, Di, Mi – jeden Tag 2 Mark, ein glatter Witz. Ich werde wohl fasten müssen, und mit Tabak ist auch nichts drin. Wär mir ja egal an sich, aber ich glaube es wird eher so aussehen daß ich das Geld für essen ausgebe, aufs Duschen scheiße und dementsprechend nicht zur Schule gehe weil ich keinen Bock hab als Stinki da herumzulaufen. Vorhin kam mir die Idee nach Westdeutschland zu fahren – ins Luxor, zu den alten Bekannten. Aber nein – wer weiß ob ich die da überhaupt treffe, außerdem geniere ich mich 15 kilo schwerer als im Nov 83

Das ist mir ja so peinlich. Und dazu kommt noch mein schlechter Gesundheitszustand da ich mich bereits seit 1 Monat fast ausschließlich von Müll ernähre. Wenn ich das bloß in den Griff kriegen würde. Mir kam der Gedanke, daß das eventuell am frühaufstehen liegen könnte – da gibts doch diese Schlafforschung, die haben Ergebnisse daß Personen die nicht träumen dürfen nach einiger Zeit völlig genervt und gestreßt sind. Und wo ich doch morgens immer am meisten träume, kurz vorm normalen Aufwachen. Wenn ich aber so früh aufstehen muß, komme ich gar nicht mehr dazu. Kann sein, daß meine Hibbeligkeit damit zusammenhängt. Im Moment gehts mir eigentlich ganz gut, wenn ich nicht gerade in den Spiegel gucke.

Solange ich mit irgendwas beschäftigt bin wie z B Tagebuchschreiben isses ja auch easy. Aber bloß rumsitzen und nichtstun das kann ich nicht. Eigentlich müßte ich für Dienstag was tun, wegen der Englisch Klausur. Könnte ich glatt mal mit anfangen. Ich hab bloß keine Lust. Hoffentlich kommt Sanja ins Konkurs. Ich geh eh bloß hin wegen der. Und weil ich nicht völlig einmotten will. Am liebsten wär mir jetzt ein Zauberstab, der auf einen Schlag alles zum Guten wendet. (Penisneid kicher). Erstens brauche ich 50 Mark, zweitens habe ich 15 kilo Fett zuviel die ich lossein will und drittens wünsche ich daß es jetzt bereits 10 Uhr abends ist damit ich endlich loskann ins Konkurs.

Endlos öde diese Zeit. Warum bin ich bloß umgezogen. Warum leb ich überhaupt. Selbstmord wär echt super. Schluß mit dem Unsinn. Vorbei für alle Zeit. Wird ja eh nicht besser. Keine Aussicht auf Erfolg, keinen zum reden, keinen den ich verantwortlich machen könnte für meine Misere außer indirekt meine Eltern – aber das ist schon so lange her da hab ich jetzt auch nichts mehr von. Ich will einen der mich in die Arme nimmt und sagt wie schön daß es dich gibt, es ist gut daß du auf der Welt bist. Wenn mir das einer vermitteln könnte, dann wär ich froh. Hätte ich endlich eine Rechtfertigung für mein Dasein. So gesehen kommt die Welt ja wohl bestens ohne mich klar. Achnee, stimmt nicht. Ich habe bereits zum Wohlstand

zweier Psychoärzte beigetragen, der Leitung der Aldi –
Bolle + Realkaufmärkte zu größerem Wohlstand verhol-
fen – kurz meine Existenz hält die Wirtschaft am leben.
Ohne mich und meinesgleichen könnte der Direktor der
Privatschule einpacken. Das Schwimmbad entnimmt seine
Existenzberechtigung meinem Bedürfnis nach Sauberkeit,
ebenso der Waschsalon. Die Bäckereien des Umkreises
die Sonntags aufhaben verdienen auch nicht schlecht an
mir.

Desweiteren schaffe ich arbeitsplätze durch den Dreck
den ich verursache – Müllabfuhr + Putzfrauen. Ebenso die
Bibliotheksangestellten sind für mich und solche wie
mich da – Leute die sich tödlich langweilen und aus lauter
Frust zum Buch greifen. Nicht zu vergessen die Diskothe-
ken welche ich bevölkere (sind ja nicht so viele) wie das
Bier was ich saufe – all das ermöglicht der Welt zu bleiben wie sie ist. Und ich werd immer frustrierter weil ich
keinen hab der zu mir hält. Scheiße. Draußen schneits. Ist
schon komisch. Vorhin wars noch wie im Frühling und
jetzt isses wieder Winter.

Mann, ich möcht mich unterhalten. Shawns Adresse hab
ich gar nicht wie ich neulich festgestellt hab. Is auch ganz
gut so – hab eh keine Böcke auf den. Das sind so Klebe-
streifen, Typen wie er, man kommt nicht mehr von weg
weil sie so bequem sind.

Diese unsagbar triste Stimmung. Dieser Blöde Hinterhof.
Kein Baum kein Strauch – kein Grün. Gegenüber die Tür-

kenfenster. In zweien brennt Neonlicht. Ausgelacht haben sie mich als ich im Winter mit dem Rücken zum Ofen stand um mich zu wärmen. Die Blödschwänze. Täglich Post von meiner Bank. Haben: DM 1,-. Drunter der Vermerk: Edelsteine sind eine gute Geldanlage. Wie witzig. Wie angebracht. Neulich hab ich im Treppenhaus den mit der sexy stimme getroffen. Na, wie gehts meint er. Uah, frag nicht, sag ich. Lachte er.

Die Pflanze die ich von Großi gekriegt hab hat zwei neue Blätter. Und die Erde im Topf saugt jetzt das Wasser besser an. Ne Zeitlang nahm die gar nichts auf. Außerdem heize ich nicht mehr, jetzt ist auch die Luft nicht mehr so trocken. Hab schon ne neue Diät Idee: Alle 5 Stunden 300 kalorien. Seit heute morgen. Das Frühstück war gegen halb 11, allerdings mehr als 300 kalorien.

Die Tüte Chips um halb 4, also 5 Stunden später, allerdings auch mehr als 300 Kalorien. Heute abend um halb 9 werd ich mir die Pampelmusen einziehen die ich noch habe. Das werden dann allerdings weniger als 300 kalorien. Kann aber nicht schaden, mal was weniger. Auch sonst käme ich mit der Regel gut hin: Frühstück gegen 9 Uhr oder halb 10 bis 10 in der Schule, Mittagessen gegen halb 3 oder 3 zuhause und Abendessen gegen 7 oder 8 Uhr auch zuhause.

Einkaufen nach der Schule oder etwas auf vorrat, zumindest bis zum nächsten Frühstück – wenn ich genügend Geld hätte würde das tatsächlich hinhauen. Das einzige was damit nicht gelöst ist ist die Ursache des Frustes, die Langeweile, der Streß. Aber vielleicht hilft es, den Tag zu überstehen ohne dauernd was in sich reinzustopfen was dickmacht. Ich will sowieso wieder umsteigen auf Naturfood. Komisch, mir gehts echt besser jetzt. Kommt wohl vom vielen Schlafen. Fühl mich so ausgeruht, entspannt, wenn auch nicht besonders energiereich eher träge und faul. Aber kein schlechter Zustand. Bloß – was soll ich machen nach dem Tagebuchschreiben? Ich bringe es auf höchstens noch eine viertelstunde und dann sitze ich wieder doof rum und glotze blöd aus der Wäsche. Es ist grade 5 Uhr nachmittags also 5 Stunden Zeit bis heut abend. Ich sollte Englisch machen wozu ich keine Lust habe. Ich habe Lust mich unter Bekannte zu begeben, aber solche die mich nur so kennen wie ich jetzt bin, nämlich dick weil ich keine Lust auf die schälen Blicke "mensch bist Du dick geworden" habe. Auf den Freak schräg unter mir hab ich keinen Nerv, der ist mir zu blöd. Auf Sanja hab ich Nerv aber ihre Telefonnummer nicht und sie wird wohl schon vergessen haben wo ich wohne und wohl auch so kaum vorbeikommen.

Wenns bei mir was Gemütlicher und wohnlicher wäre würd ich sie ja einladen mich zu besuchen wenn ich sie das nächstemal sehe – aber sich hier aufzuhalten ist echt unbequem. Zum sitzen das Bett (Matratze aufm Boden), zwei Stühle im Raum und einer vorm Schreibtischregalbrett. Ungeheizt, kein Fernsehen, nichts zu essen, keine Musik, kein Geld, keine Spiele – also kein besonders angenehmer Aufenthaltsort. Wenn ich ne Kaffeemühle hätte und Kondensmilch könnte ich kaffee kochen. Aber bei Bolle gibts sone Mühle, und ich könnte einen 2 l Pack Milch kaufen und mal wieder Milchkaffee kochen – auf das mein Kreislauf endgültig seinen Geist aufgibt.

Meine Barschaft ist aufs extremste zusammengeschrumpft da ich soeben 2l Vollmilch und 1 Pack Raider gekauft habe. Ich hab den Rest Kaffee gemahlen und mir einen Milchkaffee gekocht, den ich jetzt trinke obwohl er mir eigentlich gar nicht so gut schmeckt. Ich hab eben den Mantel angehabt, den ich neulich gefunden habe, einen dunkelblauen Trenchcoat. Ich weiß nicht ob das einbildung war oder ob tatsächlich die Leute freundlicher zu mir waren. Ich komm mir vor wie ein Hanswurst. Total auf die Freundlichkeit der Leute angewiesen. Jedes Arschloch kann mich ins Unglück stürzen – braucht bloß unfreundlich zu sein. Das werden heiße Tage die ich vor mir habe. Ohne Geld, demnächst auch ohne Tabak – ich kann schonmal anfangen die Kippen zu horten. Hab noch 3 Mark in der Tasche, die werd ich heute abend auf den Kopf hauen (Eintritt Konkurs), und die 3 Mark die ich noch übrig habe werd ich morgen in Äpfel investieren und bis Donnerstag täglich einen essen ansonsten muß ich wohl fasten. So ein Mist aber auch. Der Kaffee wirkt bereits – erster Schweißausbruch. Gift, ich will mehr Gift. Ich vergifte mich selber, bin dann zu krank um zur Schule zu gehen und wieder hab ich erreicht was ich wollte. Is ja wohl zu doof. Am liebsten würde ich die nächsten drei Wochen im Bett verbringen und nur schlafen. Dafür müßte ich allerdings erstmal müde sein was ich wohl kaum bin nach 20 Stunden Schlaf. Höchstens daß ich immer müder werde je mehr ich penne - aber irgendwann ist auch damit Schluß. Ach so ein Scheiß. Mein Leben – ihr könnt es geschenkt haben. Ich verzichte drauf – macht damit was ihr wollt.

Ich hab mich mal wieder glänzend selber verarscht. Hibbel, zitter.

**Samstag 10.3.84**

War gestern bis 4 Uhr im Konkurs. Und wieder Finger die zu platzen drohten. Is echt komisch. Schätze das liegt daran daß ich zuviel Salz im Körper habe und das mir die Turnschuhe zu eng sind. Ich brauch ein paar leichte Dance-Shoes, das ist ja nicht zum Aushalten sonst. Vorher war ich kurz beim Burger King und hab den Hans gefragt ob er mit ins Konkurs kommt aber er war schon für später mit Hilko verabredet ins Harlekin einen heben, nundenn bin ich also alleine gegangen. Sanja kam nicht, auch sonst kein bekanntes Gesicht außer denen die da arbeiten, der kleine mit dem Schmachtblick, der große der hinten die Biere austeilt, der schöne von vorne mit der Uniform. Die alte mit der Ratte war nicht da, auch nicht der, den ich schon zweimal gesehen hab und der mich entfernt an Wilko erinnert. (Aber als ich den Tanzen gesehen hatte lief nichts mehr). Ich wieg 66 kilo, eines weniger als Dienstag, aber ich glaub nicht daß ich abgenommen hab –

liegt eher daran daß ich mich gerade nach einem Freßflash gewogen hab und dementsprechend mehr wog.

Mann, und die ganze Zeit hatte ich das Gefühl ich würde stinken wie die Pest, und dann die dicken Finger, einfach peinlich das Ganze. Noch 4 Wochen bis zu den Oster- ferien, wie schön. 6 Wochen hab ich glaube ich schon hin- ter mir – nee, waren 5.

Bis zu den Ferien will ich noch was abnehmen und dann einen draufmachen. Erst mal auf 60 kilo kommen, dann den Rest.

Ich hab jetzt noch einen 10 Mark Schein und ungefähr 10 Mark in Klein, 7 in Groschen, 3 in 5ern und 1 Markstück und 1 Rolle 2 Pf für 1 Mark. 3 Mark geb ich noch für Ein- tritt aus heute abend, 1 Mark 10 fürs Duschen gleich und vom Rest geh ich mir morgens Äpfel kaufen beim Gemü- sefritz der mal meine Pfennige nicht nehmen wollte, das Arschloch. Mit den Äpfeln das Kilo 1,50 isser außer Kon- kurrenz. Der Kaffee gestern – der hat vielleicht gewirkt. Direkt nach der ersten Kanne hab ich alles ausgeschissen was noch im Magen war. Seit gestern 18 h nichts mehr ge- gessen, aber 1 l Milch im Kaffee getrunken. Bin ein biß- chen hibbelig jetzt. Aber da der Kaffee alle is und ich kein Geld für neuen habe bin ich wohl morgen wieder sauber. Fragt sich bloß womit ich mir heute die Zeit vertreibe bis 11. Duschen gehe ich gleich, das wär das. Ich könnte stricken, was nähen oder lesen. In die Bibi gehen (kotz) aufräumen kotz alles kotz. Werd wohl in die Bibliothek gehen obwohl ich keene Lust hab. Wenn spazierengehen bloß nicht so spießig wär.

Mir is schon wieder so langweilig. Is grade so 4 Uhr, und ich hab noch 6 Stunden totzuschlagen. Stricken geht nicht weil ich wieder dieses Seitenstechen gekriegt habe, das kommt glaube ich von den Fusseln des synthetischen Garns, ich hab wohl ne Allergie dagegen. Am besten schmeiß ich diesen ganzen Kram weg und behalte nur die Naturfasern. Is aber so schade drum, außerdem war das Zeug teuer. Scheiße. Rauchen, Wasser trinken, Tagebuch schreiben. Rumsitzen, ausm Fenster in den Hinterhof gukken, auf 22 Uhr warten. Langweilen, denken, abfacken, abnehmen wollen, geht wieder nicht schnell genug alles. Scheiße daß ich so dick bin. So ein Driss. Ach wenns doch diese Gesellschaft nicht gäbe. Nur mich und Dich und Sonnenschein. Für die Schule was tun? Bäh, verdrängen. Schlimm genug daß ich Montag wieder hinmuß.

Ich hab eben meine Wolle durchsortiert. Den Synthetic Kram werd ich wegschmeißen. Das muß man sich mal vorstellen: 600 Mark in den Müll. Irrsinn. Wenn ich mir wenigstens ne Nähmaschine dafür geholt hätte. Der ganze Ärger damals, für nichts und wieder nichts. Einziger Trost: Aus Fehlern lernt man. Ich muß echt die Pfanne heiß gehabt haben als ich das gebracht hab. Und jetzt hab ich noch mehr als 2 Kisten voller Reste. Lauter Mini mengen mit denen man nichts anfangen kann. Hier von ein Knäulchen, davon 100 gramm. Unmögliche Farben, nichts paßt zusammen, völlig unterschiedliche Garnstärken – es ist echt zum Kotzen. Großi hat nächsten Monat Geburtstag. Ich überleg schon was ich ihr schenken soll, aber bisher ist mir noch nichts eingefallen. Ach, ich wär gerne reich. Viele Freunde, Hobbies, ein Elternhaus, Musik im Herzen. So sitz ich hier in meiner Bude, vergehe vor Selbstmitleid und ärger mich daß ich so fett geworden bin. Sind noch 5 Stunden bis 22 h. Wart, rumsitz, langweil. Mann wie muß ich in Köln draufgewesen sein AUA, AUA, AUA. Ob das wohl an dem vielen Kaffee lag? Oder eher an der Zwickmühle in der ich mich befand? Ich möcht sowas nie wieder erleben. Weia.

Mir ist so kalt brrrr zitter bibber. Jetzt isses 10 nach 7, noch 3 Stunden. Bis eben hab ich alte Zeitschriften durchgeguckt aber nichts besonderes drin gefunden. Ich würd ja was stricken – aber das ist so sinnlos. Die Wolle reicht eh nicht für einen ganzen Pulli, und mir jetzt noch Müsterchen auszudenken dazu hab ich keine Lust. Höchstens so Hundchen stricken, aber dazu hab ich auch keine Lust. Mann mir ist so öde. Hab bis jetzt nur ne Pampelmuse gegessen, um 4, und die Milch im Kaffee. Und 1 l kaltes Wasser, bin jetzt am zweiten Liter, den ich noch trinken will bevor ich weggehe.

Ich bin total am zittern, so kalt ist mir. Brrr Gnagnagna Ich will endlich losgehen oder im Radio soll vernünftige Musik laufen daß ich wenigstens Tanzen kann um warm zu werden. AAA ah ha kalt!

Ich hab Angst davor Krebs zu kriehen bzw schon zu haben. Erstens wegen der Qualmerei – im Kehlkopf. Eben hab ich festgestellt daß ich so tanze wie der eine Typ aus Köln der den Krebs hatte am Kehlkopf. Ich kam so komisch drauf als ich mit dem zusammen war. So Schwapp-schwappschwapp, und total irres Gelächter. Und gestern hab ich die ganze Zeit Sachen gedacht die der gesagt hat, so "je blöder desto besser", und "das ist schon blöder als blöd". Ich hab aber auch echt doof getanzt. Mit dem Pfannkuchen-Gesichtsausdruck und dann totale Selbstpersiflagen gebracht, aber nur weil die Musik so blöd war. Ich hatte keine Lust aufzuhören also hab ich halt weitergetanzt, bloß eben zu blöd.

Ich bin so geil auf den Kleinen mit dem Schmachtblick. Wenn der bloß nicht so klein wär könnte ich regelrecht auf den abfahren. Hab mir vorhin vorgestellt er würde mir ins Ohr lecken, wie Paul Behnisch das gemacht hat. Was jeck dran ist ist daß ich beim Uli auch sone Vorstellung hatte, sein Gesicht neben meinem, und daß das dann tatsächlich passiert ist. Der kleine ist so richtig süß. Wenn er bloß nicht so klein wär… Mann, mir ist kalt. Und die Zeit geht und geht nicht rum. Ich frag mich was ist der unterschied zwischen meinem Leben in Freiheit und dem Leben einer Person hinter Gittern. Es gibt für mich viel zu entdecken, die ganze große Welt, aber ich find keinen Ansatzpunkt.

Okay Schule und so, jetzt Konkurs – aber meine Vorstellungen sind anders. Ich will mir die ganze Welt anschaun.

Allerdings werd ich wohl nicht allzuviel Zeit dafür haben – ich glaub nicht daß ich alt werde. Mann – das Leben ist so kurz und trotzdem ist mir todlangweilig. Ich krieg eh nichts geregelt. Alles ist Scheiße. Illusionen halten mich gelegentlich bei Laune. Momentane Glücksgefühle die die große Leere überdecken. Ob ich jemals glücklich werde? Das was man gemeinhin macht ist die Zeit rumzubringen bis Tod angesagt ist. Ohne Freude Saufen, rauchen, Musik hören, tanzen – okay, ich weiß nicht was mir fehlt. Neulich hab ich sogar mal gelacht in der Schule. Kommt ja auch selten genug vor daß ich mal lache. Ach ist das alles beschissen. Ich möcht so Freunde haben wie Wilko, sone Clique die zusammen alles durchsteht und wo es witzig zugeht. Mag nicht länger alleine sein. Und außerdem sinds jetzt immer noch zwei Stunden – ich verrecke vor Langeweile Kräh Kräh Kräh Kräh!

## Sonntag 11. März 84   8 Uhr morgens

Ich komme grade ausm Konkurs. Da hab ich gegen zwei Maike getroffen, die ich noch von letzter Woche kannte und mit ihr die Nacht verbracht, also reden, lachen, Wein saufen, Typen verarschen. Insbesondere auch den Kleinen Süßen der immer die Gläser wegräumt. Der hat mich vorhin sogar mal angeschaut und sich kurz neben mich gesetzt, aber als ich ihn dann mit meinen Triefaugen angeglotzt hab war er schnell wieder weg. Is mir ja so peinlich. Ich komm mir vor wie Wilko – der hat mir erzählt, als er mich das erstemal gesehen hat er zum Ha-

keem gesagt in spätestens 2 Wochen wär er mit mir zusammen – und zwei Tage später waren wirs. Jedenfalls
geht mir meine Phantasie durch in Bezug auf diesen
Typen, sogar noch stärker als beim Uli in Köln. Alles
mögliche erst wars ja ja nur daß er mir das Ohr leckt,
heute noch dazu daß er mir von hinten in den Nacken die
Haare hochpustet, mir in den Nacken beißt, die Schulter
beißt, mir von hinten die Brüste massiert – wow

Und dabei ist er einen Kopf kleiner als ich, ich bin viel zu
dick und häßlich – kurz ich rechne mir keine Chancen
aus. Ich hätte es aber gerne. Ich will dem nahe sein. Und
da ist noch sowas peinliches passiert – ich saß aufm Stuhl,
und unter dem Stuhl neben wir war ein Aschenbecher
oder was umgekippt – und er kroch halb unter den Stuhl
um das Dings zu holen. Oh mann ey wenn ich bloß noch
Geld hätte. Die Vorstellung bis nächsten Freitag warten zu
müssen das macht mich kirre.

Es ginge ja, wenn ich irgendwas anderes vorhätte – aber
hab ich ja nicht. Außerdem will ich ja nirgendwoanders
hin. Ich hab noch 6 Mark und Kleinkram. Eintritt und ein
Bier heute abend – und der Zwang jemanden zu finden der
mir bis Donnerstag 20 Mark leiht.

Ansonsten – nix, und die 6 Mark fürs Duschen bis Donnerstag, und nix zu fressen und keine Leute und Ihn auch
nicht. Ach ist das ätzend.

Wenn die Maike mir Geld leihen würde – oder Hilko, das wär okay. Aber die Überwindung herumzuschnorren – schrecklich. Dann lieber Gras drüber wachsen lassen und nächsten Freitag erneut ins Getümmel. Aber das ist so ÖÖÖÖÖDE!

Was für ein Dilemma in dem ich mich befinde. Geh ich jetzt schlafen oder duschen? Wenn ich schlafen gehe kann ich heute abend nicht weggehen (will nicht ungewaschen unter Leute) Geh ich duschen und dann schlafen bedeutet das daß ich heute abend weg will, was bedeutet daß ich die 6 Mark die ich noch hab auf den Kopf haue, was bedeutet daß ich montag nicht zur Schule kann weil ich erstens stinke und zweitens völlig übermüdet sein werde. Bzw: Für die Dusche am Montag reichts noch – heute duschen + morgen duschen macht zwei Mark zwanzig, das hab ich noch in Groschen – und 6 Mark Eintritt und Ein Bier. Ach ist das beschissen. Ich werd duschen gehen und nachher Hilko fragen ob er mir 20 Mark leihen kann – was auch wieder blöd ist. Ach, alles ist Scheiße. Aber ich will nicht bis Donnerstag nur in meinem Kabuff hocken und doof außer Wäsche gucken. SCHEIßE!

Allerdings – wenn ich warte bis nächste Woche hab ich einen Vorteil – ich kann bis dahin gut abnehmen – zwangsläufig da ich nur geld fürs Duschen + nicht mehr fürs essen hab, bis auf 3 Mark.

Ach hätt ich doch bloß einen der mir jetzt aus der Patsche hilft. Ganz galant mal 50 Mark unters Kopfkissen + so.

Mann, mir ist schlecht. Ich hab soviel geraucht die Nacht – war echt zuviel.

## Sonntag 11.3.84       19 Uhr

Ich hab mir eben beim Laurens Bertold 20 Mark geliehen – so nun kann ich ja weggehen heute abend, hab, wenn ich haushalte, genug Geld für Tabak + Essen bis Donnerstag. Welche Erleichterung. Was ne Überwindung überhaupt zu fragen. Ich hab mich vorhin nachm Duschen einfach hingelegt und bis eben geschlafen. Jetzt bin ich nicht mehr müde – heute abend gegen 11 gehts ins Konkurs, Bierchen trinken Yuchu.

Bloß – was mach ich bis dahin? Ich bin ja wohl echt ne arme Sau. Am liebsten würd ich ja jetzt schon weggehen aber ich weiß mal wieder nicht wohin. Außerdem hab ich meine Tage gekriegt, was nicht gerade zu meiner Guten Laune beiträgt.

Alleine weggehen ist wohl immer ätzend. Im Konkurs falle ich allerdings nicht allzusehr auf, da sind so viele Leute. Irgendwo bin ich ganz schön bescheuert. Ich steuer mal wieder geradewegs in mein Elend. Bin morgens zu müde um aufzustehen, kann nicht mehr zur Schule, Arbeiten versäg ich sowieso, na denn, alles klar. Ach das Leben ist furchtbar beschissen wenn man so haltlos ist wie ich. Vielleicht find ich ja einen der mich aushält. Allerdings ziemlich unwahrscheinlich bei meinem miesen Charakter

– Außerdem bin ich viel zu blöd. Das einzige was mich freut ist daß ich schon abgenommen hab – 64 kilo. Ist immer noch mörderisch viel, aber schon besser als die 67 kilo von Mittwoch. Es ist zum Kotzen so zu leben wie ich, vor allem so alleine. Eklig

Ich komm mir einfach zu doof vor in meiner kindlichen Schwärmerei für wechselnde Jungs. Nächste Woche bzw ab Donnerstag muß ich zum Frauenarzt gehen und mir ne neue Spirale besorgen. Scheiße, die Dinger sind so teuer. Aber ich war schon zweimal schwanger, das geht nicht noch mal. Zumindest theoretisch gerüstet will ich sein, für den Fall des Falles.

Das positivste an der Sache mit dem Konkurs ist daß der Kleine da arbeitet. Kann er wenigstens nicht weg (und mein langes Gesicht wenn er heute seinen freien Tag hat…)

Hibbel Hibbel Hibbel. Mann bin ich nervös. Und schon wieder am frieren. Wenn ich bloß wüßte wohin ich gehen soll. (Ziellosigkeit, klassischer Fall von) Der Zwanni neben mir lächelt mich so nett an… Wirklich göttlich ihn zu besitzen.

Ich muß wohl mal ne Karte an Mama loslassen, daß ich ne neue Spirale brauche, ob sie mir was dazuschießen kann. Wird sie wohl einsehen. Aber erst fragen was die kostet. Ah, Frauenarzt, ätzend. Gynäkologischer Stuhl. Wenn ich wenigstens ne Frau finden könnte, ne Ärztin. Der in dem

Haus wo auch der Rechtsanwalt sitzt ist männlich. Und wohl auch nicht so bewandert, schätze schon ziemlich alt.

## Montag 12.3.84

Lutz hat mir heute zugezwinkert. Ansonsten war der Tag Scheiße. Zu spät aufgewacht, ungewaschen in die Schule, leicht verkatert. Mathe Vertretung gehabt. Den Deutschtest gibts Donnerstag, und morgen schreib ich Französisch. Bin ziemlich geschlaucht, weil ich schon seit Donnerstag letzte Woche fast nichts mehr gegessen hab (soweit ich mich erinnere). Totales Loch im Bauch, komisches Gefühl. Und ich hab meine Tage total stark. Alle 3 Stunden OB extra wechseln. Das ist vielleicht nervig. Und davor hatte ich sie bestimmt 3 Monate lang nicht. Ob sich da jemals ein Zyklus einspielt? Alles reichlich seltsam.

Ich würd mir gerne Haselnüsse kaufen. Hunger. Aber Tabak brauch ich auch. Sind die letzten Brösel die ich grade verqualme. Wann isses endlich Donnerstag. Ist ja gräßlich, diese Warterei. Bin eben was mit dem Bus rumgefahren. Eigentlich wollte ich in die Bibi, hab mich dann aber umentschlossen. Wenn ich wenigstens irgendeinen besuchen könnte. Diese lange Zeit immer ohne Leute, das ist schrecklich.

## Dienstag 13.3.84          21 h 30

Hab heute Franz geschrieben. Lutz hat alles von mir abgeschrieben + meinte nachher er wär völlig aufgeschmissen gewesen sonst. (Nicht zu mir, sondern zu Markus neben ihm, falls ich mich nicht verhört habe). Er war überhaupt sehr nett. Und Kiessling hat in Englisch einen kleinen Exkurs gemacht + von seiner Schulzeit erzählt. Hat 33 Abi gemacht, gerade als Hitler drankam und sofort wurde der Stundenplan umgestellt. Während der Klausur ist er mal kurz in die Knie gegangen um ein Blatt aufzuheben, und war so flott wieder oben daß es schon fast komisch wirkte. Tja, bei Meister Kiessling haben Fuscher keine Chance. Die Arbeit war piss-einfach, aber ich hab wohl trotzdem ziemlich viele Fehler. Hätte bloß was lernen müssen, wär ich sicher gewesen. So hab ich geraten, hoffentlich richtig. Aber diese Angleicherei konnte ich eh nie, also egal. Ich war vorhin noch kurz im italienischen Lokal auf der Hauptstraße, wo es ein Käsebuffett gab. Ich hab ein Bier getrunken und mich mit Oliven, Radieschen und Paprika sowie Apfelsinen und Weintrauben amüsiert und eben bei Hilko noch eine Apfelsine gegessen. Miamm, lecker. Heute mittag hab ich noch ne Mark 80 locker gemacht aus Pfandflaschen, bin zu Aldi gegangen um Tabak zu kaufen und hab noch einen Apfel und zwei Handvoll Nüsse mitgehen lassen. Dann bin ich in die Bibliothek gegangen und hab noch was im Spiegel gelesen und Geo und Bild der Wissenschaft durchgeblättert.

War schönes Wetter heute, tat mir richtig leid daß ich nicht mehr draußen war. Ah, wird das ein schöner Sommer. Im Grunewald übernachten, Zelten gehen, das wird schön. Abende am Lagerfeuer, so richtig romantisch, ja ja, mit Rotwein und Baguette, bzw Nüsse für mich.

Die Welt ist schön, man muß sie nur zu nehmen wissen. Leider flüchtet Mensch sich allzuoft in Süchte und verkennt die Realität. Ich sowieso. Nacht.

## Freitag 16.3.84          8 h 15

Mama hat kein Geld überwiesen, ich sitze aufm Trockenen. Gestern war ich bei der Bank, aber da war noch nichts. Gleich geh ich nochmal hin, und wenn dann nichts da ist muß ich mir wohl noch was leihen. Scheiße.

Seit einer Woche hab ich sowenig Geld – das ist echt schrecklich. Heute hab ich mir schon den Franz-Block freigemacht, sonst könnte ich gar nicht mehr zur Bank, weil die nachmittags (Freitag) zu hat.

Könnte natürlich sein, daß das Geld, wenn, dann erst später verbucht wird so daß 9 Uhr noch zu früh ist. Das wär vielleicht ein Mist. Wenn ich Pfennige eintausche hab ich noch 2 Mark 80, genug um zu duschen für morgen und montag. Aber zu essen kann ich mir nichts kaufen – das heißt, im Moment gibts bei Bolle superbillige Äpfel, kleine Delicious, kilo für 1 Mark 50. Gestern hab ich

109

einen 3er Pack für 57 Pf gefunden, war ich satt von. Also dafür reicht es noch.

Vielleicht zieh ich heut mit Sanja los. Die kann mir vielleicht auch was Geld leihen falls es eng wird (Es ist schon eng, aber halt bis Montag). Wir wollten eine Flasche Sekt trinken, das wär geil. Für Alkohol bin ich sowieso immer zu haben Schlurf Rauch sauf. Gestern abend war ich mal wieder im Forum bei Conrad, die hatten Vernissage. Conrad meinte ich könnte da arbeiten für 8 Mark die Stunde. Montag um 3 nach der Schule soll ich hinkommen. Plakate malen glaube ich. Und abends Theke machen. Wenn das klappt, wär das ein Job, den ich gut neben der Schule machen kann. Ist zwar nicht so viel, diese 8 Mark, aber immerhin. Haben oder nicht haben. Hab schon für weniger gearbeitet.

## Samstag 17. März 84  20 h 45

Die Mutter von Sanja hat mir 70 Mark gegeben für die blaue Wolle. Echt Schwein gehabt. Und gestern hab ich mit dem Kleinen geschlafen, Pietro heißter. Versteht Englisch und Italienisch. Vielleicht war ich einfach zu müde. Ich dachte bloß hoffentlich isser bald fertig. Das erste Mal war okay, das zweite Mal war beschissen, er hat dann aufgehört. Mir hats sauweh getan. Im Konkurs wars viel geiler, die Anmache, wie das abgelaufen ist. Ich hab ihm gesagt I like you, und er meinte I like you too. War witzig. Und geknutscht n bissel in dem Laden. Hab Mathias

Warnke gestern getroffen. Er macht da den Discjockey und ist längst nicht mehr so süß wie früher.

Hoffentlich kommt Maike heute. Ich will mit der quatschen. Und außerdem hab ich immer noch nicht ihre Adresse, ich würd sie nämlich gerne mal besuchen, vielleicht können wir auch zusammen weggehen mal. Was anderes sehen als das Konkurs. Mist ey, wenn der Kleine nicht so klein wär, dann könnte echt was ablaufen von mir aus. Aber ich komm mir so komisch vor, muß mich immer runterbeugen zu dem. Möchte echt nicht wissen wie das aussieht, mit Arm in Arm. Zum Schreien, zum Weglaufen. Aber sonst isser geil. Ach ich weiß auch nicht. Mir tun jedenfalls noch immer die Eingeweide weh. Vorhin war ich bei Sanja. Erst wollte ich mit auf sone Fete. Jetzt doch nicht. Blöd von mir. Hab mich eben umgezogen, sehe wieder mal selten bescheuert aus. Wofür sind wer in Berlin, eben, eben. Mit seidenen Strümpfen, die tragen sich so unangenehm. Mann ich könnte nur noch saufen. Fusel Dusel. Hab ein Loch im Hirn. Voll ne Macke Alte.

Mann, ich verkrafte das alles nicht. Ich will einen Freund der mir ein paar Schuhe kauft. Sonst muß ich mich selber drum kümmern, das wär ja wohl zu übel. Ich glaub ich geh jetzt los. Bierchen saufen. Isses zwar noch leer im Konki aber egal. Geh ich vorher noch woanders hin. Fühle mich sowieso zum heulen. Scheiß Nylons. Keinen Bock mit denen [unleserlich] ist mir echt zu kalt.

## Sonntag 18.3.84

Hab abgenommen. 61 kilo. Geile Sache. PIETRO Hat mir
seine Telefonnummer dagelassen. Das war mir erst gar
nicht aufgefallen. Hat mich gefreut als ichs gesehen hab.
Letzte Nacht im Konkurs: Ich bin um 10 Uhr dagewesen.
Der eine Schauspieler mit dem roten Pullover, Tom heißt
er, war auch da und versuchte mich anzumachen, ich war
aber nicht in Stimmung und hab mir das verbeten. Er fing
an an meiner Brust rumzumachen. Ich hatte echt keinen
Nerv. Außerdem hab ich an den kleinen gedacht. Wär ein
bißchen komisch gewesen, jede Nacht nen anderen. Ich
hab kurz mit ihm geredet. Er nimmt Kokain. Hab ich mir
schon fast gedacht, weil der immer so speedig ist. Sanja
hat nen Trip geschmissen. Das war vielleicht beschissen.
Ich hatte das Gefühl alle um mich rum wären tierisch auf
Droge, bloß ich nicht. Allerdings war ich besoffen. 4 Bier,
und fast nichts gegessen und davor die Nacht bloß 4 Stunden geschlafen. Der Kleine, Pietro, lebt mit seiner Freundin zusammen. Sie hätte ein langes Gesicht gezogen daß
er die Nacht nicht da war. Er meinte ich müßte unbedingt
ne andere Wohnung finden. Er hat mich auch gefragt ob
ich keinen hätte mit dem ich zusammen wohnen könnte.
Ich hab gesagt ich würde keinen kennen. Ich weiß auch
wirklich niemanden. Ich mag die Wohnung, in a way. Es
ist angenehm, nach Hause zu kommen, soviel Chaos wie
ich will, keine Verantwortung. Ich wüßte gar nicht mit
wem ichs aushalten könnte. Jedenfalls hab ich Pietro gesagt ich könnte ja mit ihm zusammenwohnen. Da meinte
er das ginge nicht, das wär ihm zuviel. Aber der war so

nett. Dann hat er noch erzählt vom Feeling. Er meinte, wenn ich ihn richtig verstanden hab, er würde sone One-night-stands nicht brauchen, und die Leute würden ihm zu nahe kommen. Komisch fand ich nur daß er während er das gesagt hat, total nahe an mir dran stand. Dann hat er noch gesagt er würde sich selbst nicht mehr verstehen. Liegt wohl auch am Koks. Ich glaub die Leute kriegen dann Paranoia. Hoffentlich nimmt der kein H. Das liegt so nahe. Ich hab mal gelesen man würde sich nach einigen Jahren Koks nur noch Ruhe wünschen, und da würde echt nur H noch helfen. Bei Sanja hab ich auch überlegt, ob sie wohl da rangeht. Glaub ich eigentlich nicht. Die ist zu stabil. Dann hab ich noch Maike getroffen und sie endlich mal nach ihrer Telefonnumer gefragt. Vorhin hab ich sie angerufen und mich mit ihr für 8 Uhr verabredet. Sie wohnt in Neukölln. Ihr gehts wohl nicht so gut. Magengeschwür. Eben hab ich ein Briefchen an Großi geschrieben, weil die so sickig war wegen Mama. Komische Familie. Ich glaub, die haben alle die Pfanne heiß.

Morgen nachmittag geh ich ins Forum. Hoffentlich machen wir gleich bar cash. Kann ja sparen was ich da verdiene. Korrekt wären 6 Stunden für 50 Mark, aufgerundet. Von 3 bis um 9 Uhr. Naja mal sehen. Sanja wollte mitkommen. Ihr wirds wohl kaum gefallen. Ich wär auch lieber alleine da. Aber wenn sie mitwill – Okay.

## Montag 19.3.84

Mau. Ich saufe grade Bier. Bin alleine und überdreht. Pietro erinnert mich an Paul Behnisch.


## Mittwoch 21.3.84

Scheiß PIETRO IST NICHT DA. Hab schon zweimal angerufen und mit einem Typ gesprochen. Um 8 h versuch ichs nochmal, wenn er dann nicht da ist geb ichs auf weil ich mir sowieso schon blöde vorkomme Scheiß hinterher rennerei. Is aber auch zu ätzend. Montag nacht war ich noch im Konkurs. Vorher mit Maike einen saufen und um 9 Uhr alleine los. Pietro hat gearbeitet, aber es war nicht viel zu tun. Ich kam ein bißchen in Kontakt mit den anderen. Die haben Cocktails gemixt und waran nachher alle besoffen. Gegen 2 oder so kam Pietros Freundin. Pietro war ganz hin und hergerissen und ich mußte furchtbar lachen. Weiß nicht recht, mir war komisch zumute. Die beiden passen richtig gut zusammen, auch von der Größe. Ich bin fast eingepennt, bis mich einer geweckt hat und meinte, wenn ich pennen wollte sollte ich in eine Ecke gehen, das könnte er nicht verantworten so. Hab ich meinen Mantel genommen und wollte gehen, aber der Bus fuhr noch nicht. Also nochmal 20 minuten.

Pietro hat sich auch was zu mir gesetzt, obwohl seine Alte da war. Legte sich mit dem Kopf auf meinen Schoß und meinte, wenn er nicht arbeiten müßte würde er mit zu mir kommen. Dabei bin ich gar nicht so versessen drauf mit ihm zu schlafen, bloß mit ihm zusammensein und den anderen. Zu dem einen blonden hab ich gesagt ich bräuchte jemanden to make Pietro jealous, hat er gelacht. Und mich an seinem Sticki ziehen lassen. Und als er gegangen ist haben wir uns die Hände gedrückt. Und gelacht. Hoffentlich wird das was. Jedenfalls war ich um 5 Uhr zuhause und bin nur noch ins Bett gefallen. Mit Schule und Englisch-Klausur war nichts. Kiessling hat mich auch ganz blöde angemacht deswegen. Geld von Mama ist zum Glück gekommen. Duschen war ich heute nicht, dafür einen saufen. Mit Sanja und Kabuto ins New York, dann mit Kabuto in Schöneberg getroffen, anschließend nach Kreuzberg Klamotten gucken aber nichts gefunden, Und dann noch in ein Kaffee, einen anderen Bekannten getroffen, der feststellte daß er in mich verliebt sei. Zwischendurch zweimal bei Pietro angerufen, der nicht da war, wie ätzend. Haselnüsse gefressen, 3 Bier gesoffen, zuviel Geld ausgegeben. Im endeffekt nur Scheiße. Und wenn ich heute weggehe komm ich morgen wieder nicht ausn Federn. Zuviel gefressen, zuviel gesoffen, alles Scheiße.

"Kann Pietro mich so lieben…?"

(Gröl?)

## Montag 26.3.84

Mit Pietro ist schluß. Ich hab ihm gesagt: I like you, but I don't love you. Einfach aus Schutz, weil ich keine Lust auf das Hickhack mit seiner Freundin hab. Isses mir nicht wert. Es ginge nur darum sie auszustechen, aber dann hab ich Pietro am Hals. Ich bin blöd, ich weiß. Das Problem findet mal wieder ausschließlich in meinem Kopf statt. Schade. Wenn er größer wäre als ich, wär alles paletti – dann würd ich gerne leiden und mir mordsmäßig was draus machen.

Ich weiß nicht ob ich generell zu feige bin zum kämpfen oder ob sich für mich der Einsatz einfach nicht lohnt. I really like him, but I don't want to get into that small box. Der ist so glücklich mit seiner Freundin – da warte ich lieber bis das vorbei ist und dann komm ich dran. Oder ich bleib ihm so als Freundin erhalten, aber nicht als die Freundin. Mit dem zusammen – ich glaub der ist wirklich okay, und ich hätte mal Gelegenheit gehabt die ganzen Hemmungen loszuwerden. Aber das braucht Zeit, geht nicht von heute auf morgen, und ich kann nicht gleichzeitig verlustangst haben wegen der Freundin und ne Sicherheit in der Beziehung aufbauen. Nichtsdestotrotz liebe ich alle Italiener und werde bald auswandern… wenn die bloß nicht so Bumsfixiert wären. I mean, its okay, but if thats all – its not enough. Hab noch einen anderen kennengelernt. Arno heißt er. Und Friedhelm, einen rothaarigen Bekannten von Maike. Ein sehr lieber Junge, aber sehr abweisend. Mit dem Rattenpunk hab ich gestern geredet, der ist lieb aber nervt ein bißchen.

Ach ja Arno. Vielleicht ziehen wir zusammen. In seiner Wohnung wird ein Zimmer frei für 150 Mark, weil sein Freund auszieht. Aber die Bude ist auch ohne Bad, und wenn ich umziehe will ich Bad und Innenklo und größer als 30 Quadratmeter.

Jedenfalls bin ich im Moment tierisch knapp mit der Kohle. Hab eben 100 Mark (die letzten) abgehoben. 40 Davon gehen weg für BVG April, damit steht fest daß ich nicht wegfahre (I mean thats sowieso clear, mit Pietro + Italy läuft nichts), und von den 60 Mark hab ich eben Kaffee, Milch, Sonnenblumenkerne, Klopapier, Tabak und Blättchen sowie 1 Banjo, 1 Raider und 1 Apfel gekauft und ich hab jetzt noch 43 Mark. Und es kann sein, ist sogar wahrscheinlich daß das noch 1 Woche reichen muß, und wenn Mama das Geld nicht per Blitzgiro schickt sondern normal kommt es erst in 2 Wochen und ich sitze ne Woche ohne Geld da. Hoffentlich komme ich wenigstens umsonst ins Konkurs. Der Typ an der Kasse kann mich glaube ich nicht ab, aber ich ihn auch nicht. Beim erstenmal hab ich gesagt Pietro hätte gesagt ich könnte so rein, da meinte er "wer ist Pietro" und wenn Giuseppe mich nicht gesehen hätte und dem gesagt hätte ich könnte rein, hätte ich draußen stehenbleiben können. Beim zweitenmal machte der schon wieder Schwierigkeiten, erinnerte sich dann wohl und ließ mich rein. Jeden Abend 2 oder 3 Mark latzen, das geht echt nicht. Vor allem kann ich in der

Woche eh nicht lange weg, so daß es sich kaum lohnt.

Mist ey, mir paßt das alles nicht. Die Schule nicht, wie ich lebe nicht – das ist alles so ungesund. Viel zuwenig Spaß. Zuwenig Schlaf, zuviel Alk, zuviele Zigaretten, und wieder Kaffee. Kaffee hilft aber gut gegen Freßflashs. Muß ich mir merken – betäubt wohl den Hunger. Oder weil ich aktiver werde bzw wacher. Und freß dann nicht so viel.

Aber den größten Mist hab ich noch gar nicht erzählt, der ist Freitag nacht abgelaufen. Nachdem ich bis 6 Uhr gewartet hab, bin ich einfach abgehauen ohne Pietro nochmal Tschüß zu sagen. Eigentlich sollte ich warten bis 7 aber ich hatte einfach keinen Bock mehr. Vorher sind dann so Klopse mit seiner Freundin abgelaufen. Er lief immer hin und her und ich war völlig fertig. Jedenfalls war er am nächsten Tag sauer, tat jedenfalls so. Ich glaube aber daß er dann eben mit seiner Freundin weg war, genau wie gestern auch. Jedenfalls war er total förmlich. Kam her, gab Küßchen links + Küßchen rechts zur Begrüßung und 10 Minuten später nochmal zum Abschied. Gegen zwei kam er wieder, mit Freundin, und haute direkt wieder ab. Ach, ist das alles ätzend. Daß mich das betrifft, das ist so beschissen. Ich brauch zwei Freunde. Einen zum Schlafen und einen zum reden. Und gute Laune, die brauch ich auch.

Leider lief heute nichts mit früh aufstehen, ich war zwar wach bin aber wieder eingepennt. Und um 10 Uhr wieder aufgewacht, losgegangen einkaufen und als ich eben auf die Uhr geguckt hab war es schon 20 nach 12 also zu spät um noch zur Schule zu gehen. Mist daß ich Mathe verpaßt hab. Muß mich morgen erkundigen was die gemacht haben.

Di 27, Mi 28, Do 29, Fr 30, SA 31, So 1.4. Mo 2.4. Mathe Klausur, zum Glück noch ein paar Stunden vorher.

Am Mittwoch schreiben wir PW, und morgen – ach nee, ich dachte Englisch, aber das war ja letzte Woche.

Ja, die Schule. Is schon was. Ganz schön nervig. Und so sinnlos. Höchstens der Wisch, der ist interessant. Aber wenn ich denke daß ich noch 7 oder acht Jahre lang mit 400 Mark im Monat auskommen soll – da wird mir schlecht, ehrlich. Daß Mama das nicht einsieht, das ist zu beschissen. Die wollen offensichtlich, daß es mir schlecht geht die Wichsbrüder. Das könnte denen so passen. Und ich Trottel füg mich auch noch. Ihr Arschlöcher. Dreck-säcke. Wichsbeutel. Sauerei ist das. Und arbeiten gehen kann ich nicht weil ich dann die Schule nicht mehr schecke und außerdem hab ich gar keine Zeit. Zum Bei-spiel wegen dem Duschen im Schwimmbad, die Öff-nungszeiten. Nachher soll ich zum Forum, Plakat malen.

Fällt mir grade ein. Keine Böcke die Brüder zu sehen. Werd mal vorbeischauen. Ich bin echt nicht in Stimmung. Die sind so blöde da. Und ich hab keinen Bock für die was zu tun. Ich hab Bock Scholokade zu fressen und mir die Sonne ins Gesicht scheinen zu lassen. Ich fahr so auf Raider ab. Das schmeckt so gut. Mmm. Knusprig. Und dazu hätte ich gerne was zu lesen, ne Brigitte. Und heute nachmittag möchte ich Maike besuchen.

Es gibt von der Brigitte ein Sonderheft, kostet allerdings 6 Mark 50, wo lauter Schnitte drin sind. Dann könnte ich endlich mal was machen.

So trau ich mich ja echt nicht mehr an den Stoff ran. Mit Schule ist eh nichts mehr. Morgen wieder. Juchu, früh aufstehen, great. Der Maike gings gestern schlecht. Und ich konnte mich nicht loseisen, hing fest bis halb 9 und sie war fast am einpennen. Kam mir richtig beschissen vor. So aufdringlich. Aber wir haben gut geredet. Vielleicht schenke ich ihr meinen Setzkasten, wenn sie ihn haben will. Könnte ich eigentlich auch verkaufen, 45 Mark. Hört sich besser an als 50…

Ach Mist, so ohne Geld ist das Leben echt scheiße. Vor allem wenn einem nichts einfällt. Bin wohl einfach zu unkonzentriert. Leck mich am Arsch. Ich will ne Wohnung mit Bad, einen geilen Freund für Kopf und Herz und gute Noten in der Schule. Und nicht mehr alleine sein. Arno hat grade Schluß gemacht mit seiner Freundin. Wie praktisch. Er meinte er hätte sich immer verstellen müssen und das wär nichts für ihn. Jetzt wär sie total hart und anders als zu der Zeit wo sie noch zusammen waren, und daß ihn das ziemlich fertig machen würde. Ein lieber Junge. Völliges Gegenteil von Pietro. So vorsichtig und zaghaft fast. Aber wenn ich dem in die Augen gucke WOW – geht alles ab. Gestern als Pietro so vorbei watschelte dachte ich echt ich muß ne Macke haben an dem was zu finden. Das ist bloß, wenn der auf einen zukommt. Er ist so ein typischer Draufgänger, aber nichts im Kopf. Also ich glaub ich bin jetzt völlig plemplem. Das stimmt nicht was ich eben geschrieben habe. Außerdem bin ich in einem Konflikt. Ich würde gerne jetzt Raider fressen und Brigitte lesen, aber dann denk ich wieder, ach nee, scheiße, ungesund, macht dick und häßlich und versaut mir die Chancen. Wenn ich gefrustet bin und mich alleine fühle hab ich echte Schwierigkeiten irgendeine Diät oder Disziplin einzuhalten. Aber dann wirds nur noch schlimmer. Ach Scheiße, ehrliche Scheiße.

Duschen gehen muß ich auch noch. Hoffentlich zahlt Mama die Spirale. Ich weiß sonst echt nicht weiter. Mit Maike schon überlegt wie man zu Geld kommen könnte. Einen Laden aufmachen, Kinderklamotten verkaufen. Vielleicht sone Second-Hand-Börse machen. Mannomann, ich komme mir vor wie ein Kleinkind. So ein Shit. Bock zu fressen. Only live for the moment. Für den Augenblick. Spend all money – then be without. Beim letzten Mal hat mir das 10 kilo eingebrockt. Das geht nicht nochmal. Wenn ich nicht so gefrustet wäre dann bräuchte ich das ja auch gar nicht. Mit Arno hab ich gestern einen Klops gebracht. Hab mir ein Eis bezahlen lassen und im Bus mich nicht neben ihn gesetzt. Er war dann leicht gefrustet.

Mann ey, ich hab wirklich unheimlich vielseitige Interessen. Jungs, Jungs und nochmal Jungs. Neulich, Freitag, ohne Alkohol war ganz schön heavy. Also ich hab gar nichts getrunken und hatte tierischen Brand. Kein Pietro kam und fragte ob ich was mag, da war ich schon mal sauer. Dafür hat mir Guiseppe gestern ein Mineralwasser ausgegeben. Ach, ich komme mir so überflüssig vor. Aber trotzdem isses ganz interessant. Bloß in Kontakt bleiben. Berlin ist echt ne Kur. Einsam bleibt hier keiner.

Ich freu mich auf den Sommer, endlich rausgehen. Aber hier lebt keiner auf der Straße, deshalb nach Italien. Aber nicht alleine. Vielleicht mit Maike und einem Auto. Das wär geil. Die ist wenigstens pfiffig genug für einen Urlaub. Versteh ich gar nicht, das wir uns so gut verstehen. Find die irgendwie voll in Ordnung. Wundert mich daß sie das nicht nervt, wenn ich komme. Davon geh ich nämlich aus. Aber nun ja. Sie ist echt der Typ dem ich meine Kinder zum Aufpassen geben würde. Falls ich selber keine Zeit hab…

Sie meinte sie will keine Kinder. Zuviel verantwortung. Hat sie ja recht. Ohne Typ geht das nicht. Ich such noch den richtigen, wo einfach alles stimmt. Pietro ist so ein Heiopei. Überhaupt die Italiener, wohl alle Südländer. Zuviel Hektik. Bloß abspritzen und Schluß. Maike hat mir gestern erklärt wie man tapeziert. Vielleicht mach ich das noch. Muß ja noch mindestens 3 Monate hier drin wohnen

Schwierig finde ich nur das meine Anstrengungen nicht honoriert werden. Jedenfalls seh ich nichts davon. Finde keinen Beistand, bloß dummes Gelaber z. B. von Großi.

Mama bringt auch bloß Klopse à la: Bloß weil du ein paar Wochen lang auf ne Privatschule gehst soll jetzt wieder alles in Butter sein – na denkste. Ich versteh nicht wieso die mich nicht unterstützt, ich meine moralisch, wieso die nicht sagt Komm, du schaffst das, gib nicht so schnell auf, wenn was ist kannste kommen, dann reden wir. Vielleicht hat sie das verlernt über ihren Südamerika Statistiken. Is schon ne Sauerei.

Also wenn ich ein paar Freunde hätte könnte ich das glatt packen. Nachmittags mal mit Arno treffen. Der ist genauso gehemmt wie ich. Aber gut drauf im Kopf. Will was mit Kunst machen. Im Moment hat er Urlaub von seinem Bürojob. Ich würd am liebsten abgehen und fortan als Verkäuferin irgendwo arbeiten, in einer Boutique oder was. Kann mich ja zum Sommer abmelden und ne Lehrstelle suchen. Als Dekorateurin oder was. Oder lieber erst Abi? Ach Scheiße, dann kann ichs auch gleich lassen. Ich muß das jetzt durchhalten, da führt kein Weg drum herum.

Wenn die da bloß nicht so blöde wären. Anita Klempitzke, wenn ich die schon sehe, dann weiß ich echt alles. Die ist einfach zu blöde. Hab mich neulich mit Anita Midrowski über Haarprobleme unterhalten. Ein sehr aufschlußreiches Gespräch. Sie hat sehr fettiges Haar und wäscht es fast jeden Tag. Kein Wunder, bei den Massen von Süßigkeiten die die frißt. Aber trotzdem ist die sowas von dünn, fast mager. Im Konkurs läuft so ein Mädchen herum, so 16 – 17, die ist dünn, das ist echt herbe. Überhaupt kein Fett, nur Knochen. So dünn möchte ich nicht sein. Nur ein bißchen weniger, das wäre schön. Mir fällt gerade eine Hose für mich ein. Hab das Bild im Kopf, kanns bloß nicht zeichnen. Die Außennähte sollen gerade runtergehen, die Beine bis zur Mitte der Wade, und die Taille soll nicht geschnitten sein, sondern mit Gürtel gebunden werden. Und dann aber doppelte Nähte, und Taschen aufm Arsch. Sind so verschiedene Sachen die ich durchziehen will. Mist, wenn ich zur Schule gehe, das ist so verlorene Zeit. Mir macht das mit den Klamotten viel mehr Spaß.

Hätte auch gerne eine Blümchenhose. Und einen neuen Haarschnitt. Und 6 kilo weniger drauf. 60 wiege ich jetzt. Immerhin 7 kilo runter. Aber immer noch zuviel. Und mit meiner Vorliebe für Raider und so zeugs und meinem Dauerfrust. Scheiß Schule, Scheiß Konvention. Aber wenn ich irgendwas anderes mache als das was ich will komm ich immer mies drauf. Neben der Schule krieg ich irgendwie nichts geregelt. Zum lernen hab ich keinen Bock, jedenfalls nicht auf Kommando. Bin doch kein dressierter Affe. Is ja wohl echt zum kotzen. Dafür daß ich mich noch 7 Jahre lang unter so blöden Verhältnissen einordnen soll – Studium ist ja wohl genauso blöde. Echt keine Ausbildung sowas. Ich such mir mal ne Schneiderin. Vielleicht kann ich irgendwo am Theater Kostümbildner lernen. Aber dazu hab ich auch keinen Bock. Ein freies Design-Büro, wie ich wollte, als ich herkam. Und nebenbei noch ein bißchen lernen, italienisch und den Führerschein machen. Am liebsten erstmal einen Job suchen, irgendwas, auch zum anlernen, einfach nur um Geld zu verdienen und leben zu können. Dann wieder Ferien machen.

Irgendwie ist der Schulzug für mich abgefahren. Ich find das alles so blöd, und ich weiß nicht wofür. Bringt eh alles nichts. Ich laß mich nur gehen. Hab Bock raider zu fressen. Allerdings hab ich mehr von einer guten Figur als von einer halben Stunde Genuß Schleck Schleck und danach Schuldgefühle und schlechte Laune. Hab mir heue ne Gurke gekauft, als Abendbrot. Bis dahin trinke ich Kaffee, Milchkaffee der köstlichen Art. Schauspielerei, Pantomime, Tanzen, all das macht Spaß, aber nicht die Schule. Der konventionelle Weg ist nicht gerade lustbetont… Schwieriges Alter.

Mist ey. Ob ich wohl gleich das Plakat hinkriege beim Forum? Keine Böcke den Schnitzler zu sehen. Alles Kacke. Ich werd dann immer so breiig im Hirn. Sollte mich krankschreiben lassen und erstmal ne Therapie machen. Berlin tut gut, Haha. Sehr witzig.

Allerdings vom Klima her besser als Köln. Ich hätte echt mit 16 von der Schule abgehen sollen und ne Lehre machen. Das wär gut, really. Ewig der Abfack. Wie lange soll sich das noch so hinziehen? Für wen mach ich das eigentlich? Mich interessierts nicht sondern es nervt nur. Überhaupt, dieser Lebenswandel. Früh aufstehen müssen zur Schule gehen müssen Pauken müssen, freundlich sein müssen – da kann ich nicht mehr. Dabei ist es im Freien erst recht so. Da kann ich mir das auch nicht leisten Leute zu verprellen. Naja. Erstmal abwarten. Schule ist wirklich das Ätzendste was es gibt. Und alle streb, streb.

Letztens hat mich das Arsch von Besitzer aus dem Café neben der Schule rausgeschmissen, weil ich nichts bestelle sondern nur aufs Klo gehe und ne Zigarette rauche. Mann sind diese Leute blöde. Ein Arschloch ohnegleichen. Es ist wie man behandelt wird. Wie der letzte Dreck. Es ist das letzte. Ich will Italienisch lernen und nach Italien auswandern und da ne Familie gründen. Einen Job in der Gastronomie finden. Irgendwas öffentliches. Nach New York möchte ich gerne gehen. Oder London. Au Pair machen. In der Süddeutschen sind oft solche Anzeigen. Aber die Wohnung bzw den Fuß in Berlin will ich behalten. Irgendwie ist die geil die Stadt, obwohl soviel kaputt ist.

In einem bestimmten Rahmen kann man es glatt aushalten. Ich hab Bock einen auf Schicki zu machen. Leute auf Vordermann bringen. Beistand geben. Zum Beispiel Maike, falls die Abnehmen will. Dabei schecke ich das noch nicht mal selber mich was zusammenzureißen.

Bleibe im Lande und nähre dich redlich, Haha. Ich will dieses Sonderheft. Zumindest mal reinschaun. Ich mag jetzt losgehen und Sonderheft kaufen, und zwei Pack Raider und lesen und tüfteln und um 5 Uhr duschen und anschließend Maike anrufen und mit dem blöden Schnitzler will ich überhaupt nichts zu tun haben und mit der Schule auch nichts, allenfalls wieder morgen aber heute habe ich keinen BOCK

ICH WILL GELD ! KACKE !

UAHH was fühl ich mich beschissen. Hab den 2er Pack
Raider gefressen. Igitt Kotz Nie wieder. Mir ist so
schlecht. Scheiße. Ich bin vielleicht ne doofe Kuh…

Hab vorhin mit Maike telefoniert. Maybe sehen wir uns
heute abend. Gegen 9, halb 10 ruf ich nochmal an, dann
weiß sie, ob sie heute abend nochmal weggeht oder nicht.
Daß ich vorbeikomme wollte sie nicht…

Ach Scheiße. Mein Leben. Zum Wegschmeißen. Hab mir
dieses Brigitte Sonderheft gekauft und den Schnitt von
einem Blazer rausgeholt und gleich noch ne Abwandlung
dazugemacht, ein Taillenkurzes Jäckchen. Nu hab ich bloß
kein Geld um Stoff zu kaufen. 30 mark noch.

Gibt wieder ne nette Diät-Woche. Hab vergessen zum
Kleistpark zu fahren wegen der Monatsmarke. Vielleicht
sollte ich das vom nächsten Geld bezahlen. Kommt echt
besser. Kein Geld, keine Freunde – Au Kacke. Dicke
Scheiße. Und dann noch Süßigkeiten. Zu dick, zu dick, zu
dick. Ich werde das jetzt echt knallhart durchstehen. Duschen ist drin und Ökofood sowie geschnorrter Alkohol.
Tabak noch. Ach, ich brauche Ruhe. Ich möcht so gerne
Vögel zwitschern hören.

Vorhin war ich in einem Deko laden auf der Hauptstraße. Die haben Theaterschminke, optimal. Nagellack in allen Farben, und ein geiles Zeug. Deko molton gibts da auch, knapp 8 Mark der Meter. Der ist allerdings am Arsch nach 3 Wäschen. Dafür aber schön weich. Ich hab Bauchschmerzen und fühl mich elend. Hätte gerne eine Katze. Bäh Bäh Bäh alles Kacke. Picke Packe Hühnerkacke. Wenn ich bloß von diesem Suchtverhalten wegkäme… Vor allem wieder: Keine Süßigkeiten. Thats the most important thing. Wenn nur die Schule nicht so frustig wäre. Ach Scheiße. Ich hasse die Welt und das Leben und mich auch und überhaupt alles. Haß Haß Haß. Warum liebt mich keiner. Echt ätzend. Noch nicht mal ich mag mich. Ich muß schon ganz schön blöde sein daß mich alle so finden finde ich. Auf jeden Fall ist zuhause nähen angenehmer als sich in der Schule das Geschwafel von Kiessling anzuhören. Das blöde Arschloch. Morgen, ach wie lustig, halb 7 aufstehen. Klappt garantiert.

Mann ist das Leben beschissen. Ich glaube ich melde mich ab. Ich habe keinen Bock mehr. Ich will meine Wohnung renovieren. Wenn ich frei arbeiten könnte, das wär toll. Keiner der mir erzählt wann ich was zu tun hab. Dafür nehm ich sogar Armut in Kauf. Ich werde mal einen Erpresserbrief an Mama schicken und um Verständnis werben. Daß ich einfach mehr Geld brauche, weil ich nicht hinkomme und daß ich sonst von der Schule abgehe um Geld zu verdienen und ob sie daran schuld sein will. Aber ich glaub nicht, daß sie drauf einsteigt. Der ist das sowieso egal. Die will ja geradezu daß sie sagen kann "außer mir taugt sowieso keiner was". Tolle Mutter, wirklich. Schönes Vorbild. Unglück programmiert. Wenigstens kann ich wieder schreiben. Ne Zeitlang ging ja noch nicht mal das. Jetzt haben wir den 26.3.1984. Ich möchte bald in Urlaub fahren. Ich will ans mehr. Mit irgendjemandem zusammen. Schwimmen, in der Sonne liegen nichtstun, faulenzen, keine Sorgen haben.

Irgendwo im Süden in einem Café arbeiten und mit nichts mehr was am Hut haben. Am liebsten in Italien. Dort müßte man Verwandte haben, das wäre super. Ich weiß nicht, wie ich da hinkommen soll. Aupair am Mittelmeer. Ein Ferienhaus am Meer. Mit Schönheit Reichtum kaufen. Man kann nicht dünn und nicht reich genug sein. Hat mal sone Gräfin in VOGUE gesagt. Das ist auch sone geile Zeitung. Ich sollte mal zur Amerika Gedenk gehen, die haben die da, und Klamotten rauskopieren. Die Ärmel von dem Blazer sind super. Mit ner Naht überm Ellenbogen, also versetzt. Und die Ärmelrundung hab ich jetzt passend zu Vorder und Rückenteil. Dürfte echt keine Schwierigkeit sein sowas zu nähen. Brauch ich bloß noch Geld für Stoff. Noch ne Sucht von meiner Seite. Hab so schwarzen Jeansstoff gesehen, der wäre gut. Leider 20 Mark pro Meter. Und zwei Meter brauch ich, jedenfalls für den aus der Brigitte. Für meinen etwas weniger weil er kürzer ist, vielleicht so 1.50. Wenn ich jetzt so ein billig Stöffchen kriegen würde, 2, 3 Mark der Meter, Hyper. Hätte ich für lockere 10 Mark ne geile Jacke.

Ein so ein Trödel hatte einen dunkelblauen Anzug für 10 oder 15 Mark im Fenster. Hat bloß zu im Moment. Bis Ende der Woche glaube ich. Ist wohl auch ganz gut so. Hab eh kein Geld. Mist.

Über Zeitung komm ich nicht an einen Job, da steh ich nicht drauf. Ich könnte den einen Typ im Konkurs mal fragen. Aber ich glaub der hat schon genug Leute. Und das ist mir auch zu stressig. So bis 2, 3 Uhr packe ich das ja, aber länger nicht. Und die müssen bis 7 Uhr morgens arbeiten. Nichts für mich.

Burger King ist auch nichts. Oder Tagsüber, so von 12 bis 18 Uhr, das könnte ich auch. In einer Boutique. Schuhe verkaufen. Bloß seh ich nicht so aus daß ich in einem teuren Laden arbeiten kann und außerdem krieg ich das mit dem Baden nicht geregelt. Ich find Schule scheiße. Wieso hab ich mich eigentlich nochmal angemeldet? Hätte ich echt vorher wissen können. Was stattdessen? Nichts. Night life, Klamotten nähen und lamentieren. Aber wenigstens frei. Mutter zahlt ja….

## Freitag 30.3.84          19 h

Wööh. Ich fühl mich vielleicht beschissen… Ich hab die letzte Woche hinter mir. Montag fing das an. Nur gefressen, alles Geld ausgegeben, nicht zur Schule gegangen, eine Nacht durchgemacht, Klamotten genäht, Möbel weggeschmissen und mich nicht gewaschen die ganze Zeit.

Fühl mich total stinkig. Meine Haare fetten durch, es ist echt ekelhaft. Von Mama ist glaube ich ein Paket gekommen. Geh ich morgen abholen. Hoffentlich ist Geld drin. Sonst kann ich erst Dienstag duschen gehen, sowie die neue Kohle da ist. Mist. Ich hab zwar Bronchitis, bin eigentlich auch krank, aber daß ich nicht zur Schule gehe hängt eher mit den Arbeiten zusammen. Der Kiessling hat mich dermaßen blöde angemacht, auweia. Und eben hab ich bei Karstadt ne Tafel Schokolade und Nüsse geklaut und bin auch noch erwischt worden. So ein Scheiß. Vollkommen überflüssige Aktion. Bin dann noch im Grünweißen nach Hause kutschiert worden, zwecks Überprüfung der Personalien. Werden sich wieder alle das Maul zerreißen. Mist ey. Muß was für meine Nerven tun. Ich will abnehmen und Geld sparen, damit ich mir ein paar Schuhe kaufen kann. Zum Glück sind jetzt Ferien. Nächste Woche noch Dienstag bis Freitag, da geh ich auch hin, und dann 3 Wochen legal frei. Das doofe ist nur, daß ich so verführbar bin. Scheiß Süßigkeiten. Bei Karstadt hab ich jetzt 1 Jahr lang Ladenverbot für sämtliche Filialen. Die haben dann so Fahndungsfotos, und wenn ich demnächst dort Eis kaufen will heißt es CASH und ab in die Kiste. Die Witzbolde.

Jedenfalls fühl ich mich absolut beschissen. Ich hab das eh nur aus Langeweile gemacht. Schlichter Unsinn. Hängt alles nur mit der Geschichte mit Pietro zusammen. Der Siffbruder. Kacke, ehrlich, alles Kacke.

Ich möcht so dünn sein wie diese Vogue Models. 54 kilo. Das wär toll wenn ich das schaffen würde. Aber ich bin immer so frustriert wenn ich aus der Schule komme, daß Schokolade wirklich ein Seelentröster ist.

Letztens der Abend im Konkurs ohne Alk, das war herbe. Hab ich erstmal gemerkt wie das ist. Schon ganz ungewohnt. Normalerweise hab ich immer einen im Tee wenn ich unter Leuten bin.

Dieser eine da, Arno, der schwirrt mir auch im Kopf herum. Vielleicht wird da was draus. Aber der ist so schüchtern, nicht sicher genug. Ich mein, ich bin auch nicht sicher, aber ich trete doch recht fest auf, jedenfalls wenn ich gut drauf bin.

Vielleicht kifft er zuviel. Ich kiff auch zuviel, jedenfalls wenn was da ist. Das ich aber auch nicht nein sagen kann.

Also Sa, So, Mo fasten. Ist ja nett. Eigentlich nur Sa + So, falls ich mir nicht irgendwo was pumpen kann. Vielleicht ist ja schon Montag Geld da. Oder Mama schickt was. Scheiß Schule. Ich war echt die Woche am überlegen mich abzumelden. Hab mich nur heute nicht hingetraut, keinen Bock gehabt. Wenn ich nicht zur Schule gehe, gehts mir saugut. Zwar langweilig, aber wenigstens nicht so abtörnend. Aber jetzt freu ich mich schon fast wieder hinzugehen.

## 1. April, Sonntag, 1984, 18h05 min Computerzeit…

Ich weiß bloß eins: Ich muß Diät machen und abnehmen… Das ganze Fett muß weg, es ist zuviel, ich fühl mich schon wie ein Nilpferd. Eigentlich wollte ich heute fasten, hab mir aber von Laurens nen Zehni bis morgen geliehen und bin erstmal einkaufen gegangen. 2 Cremschnitten, 1 Apfelballen, 1 Tafel Schokolade und 3 Pralinen, danach noch ein Stück Mohnkuchen und zwei türkische Pide-Brote. Rest noch 1 Mark und ein paar Groschen und einen ausgeleierten Magen. Und Durst wies Tier.

Gestern hat mich Shawn besucht. Ich bin noch mit zu ihm gegangen und hab da geduscht, bin aber um 1 Uhr wieder zu Hause gewesen. Er fährt morgen nach Prag. Eigentlich isser ja ganz nett, aber ich hab keinen Bock mit ihm zu bumsen und das hätte er wohl gerne. Nun ja.

Ich nehm lieber ab und schmeiß mich an Arno ran. Also was ich will ist den April in das Zeichen der Diät zu stellen. In einem Monat will ich den Kram runterhaben, egal wie. Keine Süßigkeiten, kein Brot, nur Obst und Gemüse. Viel schlafen, no Night-Life (dabei sind doch Ferien…) also quatsch. Aber abnehmen. Wenn ich nur was zu tun hätte was Spaß macht, irgendeine Beschäftigung Scheiß Schule. Ich meld mich ab und werd verkäuferin. Alles Kacke, really. Wenn ich wenigstens dünn wäre. Könnte ich meinen Frust im Jungs-Anmachen kompensieren. So läuft noch nichtmal das. Ach ja, die Welt ist grausam, wie schon Arno so nett bemerkte.

Alles Kacke. Und ich will jetzt sofort ganz dünn sein. Noch heute abend um 10 kilo leichter. Das wär geil. Was ist das aber auch für ein Leben. Ich hab schon überhaupt keine Böcke mehr. Alles diese Scheiß Schule schuld. Ich werde abnehmen, jawoll. So dünn werden daß man die Knochen zählen kann.

## Montag 2. April 84

Was für ein ödes Leben. Bin um 10 Uhr aufgestanden, hab Nußcremschnitte gefrühstückt und bin zur Bank. Leider ist noch kein Geld da. Dann hab ich meine letzten Pfennige eingetauscht und die erbeuteten 2 Mark bei Aldi auf den Kopf gehauen, 1 Pack Toastbrot und ne Dose Nusscreme. Die eine Hälfte hab ich direkt gefressen, dann bin ich in die Bücherei gegangen, hab Stern, Schöner Wohnen, Geo und Zeitung gelesen, mehr geblättert, dann bin ich wieder nach Hause gegangen und hab den Rest noch gefuttert. Jetzt lieg ich aufm Bett und warte drauf daß es morgen wird um nochmal bei der Bank vorbeizuschaun. Es ist doch wirklich zu ätzend. Also morgen wieder keine Schule. Lohnt sich schon wirklich fast nicht mehr. Mal sehen. Aus der Diät wird sowieso nichts. Das erste was ich mache wenn Geld da ist ist richtig einkaufen gehen. Geilo, Geilo. Allerdings will ich auch noch Tapete + Farbe für die Wohnung besorgen, und ne BVG Karte brauch ich auch. 40 Mark. Nun ja, Schicksal. Hab eben festgestellt daß meine Schülernetz Grundkarte bis September '85 gilt. Geile Sache. Kann ich mich beruhigt abmelden.

Aber ich will noch nicht arbeiten. Außerdem hab ich Schiß daß mir vom Bechterhof die Kohle gekürzt wird. Geil wärs wenn ich weiter Geld kriegen würde bis Februar, 300 Mark zusätzlich, ohne zur Schule zu gehen bzw ohne bezahlen zu müssen. Peinlich nur, wenns rauskommt. Gut wär ne Lehrstelle wo ich was verdiene und mir das Geld trotzdem zusteht. Ich wette Mama würde das Geld einsacken wenn sie davon wüßte. Nur gut daß ich den Vertrag unterschrieben hab. Sauerei allerdings daß ich nicht den mit der Wohnung machen durfte. Alles Geld auf mein Konto. Wenn diese Scheißteure Schule nicht wär ginge es mir glatt gut. 700 im Monat zur freien Verfügung. Tagessatz von 23 Mark. Locker, äußerst locker. Aber auch nur ein halbes Jahr, höchstens.

Dann der Job im Imbiß. Und keine Aussicht je mehr Knete zu machen. Au, ist das alles eine Scheiße. Ich will nicht mehr leben, jedenfalls nicht mehr so beschissen wie bisher. Das soll endlich besser werden! Wenn ich wenigstens ab Mai die 100 von der Strickmaschine dazukriegen würde. Wäre schon etwas. Trotzdem noch zuwenig. Wenn ich von Anfang an genügend Geld + moralischen Beistand gehabt hätte, hätte ich glatt Chancen gehabt. So warte ich bloß ab. Geht nicht vor und nicht zurück. Ist total blockiert alles. Fuck the world. Piss.

## Dienstag 3. April 84   12 h 30 Atomzeit

Post: Ein Brief von Papa und einer von Norman Kulitsch.
Papa hat nen Zeitungsauschnitt über die Weberei geschickt, die er mit Margitta aufgemacht hat. Völlig abge-
fahren, das Ganze. Und Norman fragt was los wär und
wann ich wieder zur Schule komme.

Geld war keins da, ich hab mir von Hilko 20 Mark geliehen und von dem Mädchen was im Forum arbeitet auch.
Insgesamt jetzt schon 40 Mark Schulden. 4 Mark sind
noch übrig. Hab natürlich wieder viel zu viel gefressen
heute, mir ist ganz schlecht. Morgen ist hoffentlich die
Patte da, 200 Mark abheben, 40 Mark für BVG latzen, 40
Mark Schulden zurückzahlen und 120 bleiben dann noch.
Davon am besten 30 Mark sparen für die Gasag Rechnung
am 24.4. Übelst. Sonst hab ich nichts vor. Diät könnte ich
mal machen. Jaja. Zur Schule? Falls Morgen die Kohle da
ist, am Donnerstag. Falls nicht, am Freitag. Oder gar nicht
mehr vor den Ferien. Lohnt sich eh schon nicht mehr. Lieber 3 Wochen abmagern und frisch und Munter ins Leben
zurückkehren.

Is bloß tagsüber so langweilig. Heute dank Spiegel nicht
so.

Bloß ist diese Zeitschriften Konsumiererei eine äußerst
kostspielige Angelegenheit. Ich will, daß die nächste
Kohle reicht bis die Benachrichtigung von der Bank
kommt. Irgendwie kotzt mich ja die Anpumperei des Vol-

kes um mich herum enorm an. Und meine Völlerei auch.
Meine Hosen gehen schon nicht mehr zu. Weiß gar nicht
mehr was anziehen. Und langweilig ists außerdem.

Möönsch Meia hab ich gefressen auweia. Morgen wird
das anders. Hab schon die ganze Zeit rumgerechnet um
mit der Kohle hinzukommen. Von den 200 die kommen
bleiben 30 Mark als halbe Gasag Rechnung aufm Konto.
Abheben muß ich 40 Mark um Schulden zu bezahlen und
35 oder 39, also 40 Mark für die BVG. Dazu noch das
was ich zum Leben brauche, möglichst wenig, denn ich
will was sparen. Tabak, Essen und Duschen und Wäsche.
Sonst nichts. Das will ich durchhalten damit ich mir nicht
dauernd Geld pumpen muß.

Sone Wasserkur könnte ich mal wieder machen. Gesund
isses ja. Bloß die Vitamine, da muß ich was für tun, den
total Ausfall kann ich mir nicht leisten. Obwohl das auch
mal geil wär. Wirklich gar nichts. Morgens um 6 Uhr auf
stehen, duschen gehen, einen Zitronensaft trinken und die
Zeit totschlagen bis es abend ist, poofen gehen, nächsten
Tag dasselbe. Auweia. Halt' ich nicht aus. Aber Diät muß
sein. Weiß nur noch nicht wie. Am besten Null-Diät, geht
am schnellsten. Mit Zitronensaft und 3 l Leitungswasser
pro Tag. Nach 3 Tagen bin ich so schlaff daß ich froh bin
nichts tun zu müssen… Und kein Geld dabei auszugeben,
geil. Brauche ich noch 10 Mark dazu für eine Wäsche bis
zum 20.sten und Tabak eventuell. Möglicherweise redu-
ziert sich aber mein Bedarf, wenn ich nichts esse kann ich
nämlich auch nicht so viel rauchen. Alles gut für die

Kasse und für meine Gesundheit. Hab mir heute schon 2x den Finger in den Hals gesteckt und mich übergeben Mußte einfach sein. Mir war so schlecht und ich drohte zu platzen. Brrr. Kotz Kotz.

Schon fast 12 Uhr. Und mein Magen ist noch so voll daß ich gar nicht schlafen kann. Ekelhaftes Gefühl. Bäh. Und die viele Butter. Fast ein halbes Paket. Ein Pfund Brot, 5 Mars, 200 g Marzipan, 1 Tüte Chips, ½ Plockwurst, 1 Tafel Schokolade, 1 Nußjoghurt. BAAAH. Ekel.

Mir fällt grade der eine ein. Der aus sonstwo, den ich in Köln kennengelernt habe. Dessen Schwester Ballett machte. Der das Fotografenpraktikum angefangen hat letzten Sommer. Der sich nach Berlin beworben hat für diesen Sommer. Dessen Freund wieder aus Köln wegge-zogen ist. Den ich im Luxor kennengelernt habe, beide. Dem ich den Nacken massiert hab und der voll drauf ein-gestiegen ist. Der mich nie angemacht hat mit ihm zu schlafen. Dem ich meine blaue Fiorucci Hose für 50 Mark verkauft hab. Der ein T-Shirt haben wollte, "We are all prostitutes". Dem ich morgens mal Joghurt ausm Plus zum Frühstück geholt hab. Der, glaube ich, darauf abge-fahren ist daß ich mich um ihn Sorge, frage wie es ihm geht, ob er Geld hat, was seine Familie sagt. Mit dem ich die Montag nächte im Stollwerk verbracht hab. Dessen Name mir nicht einfällt. Der dann umgezogen ist aus der Bobstraße irgendwoanders hin, Nähe Zülpicher Platz. Ich weiß weder den Vor- noch den Nachnamen noch die Adresse Nur das Gesicht. Und er meinte ich hätte ne Klitsche. Ziemlich real denkender Junge war das, im Gegensatz zu mir.

## 19 Uhr 04       am 4.4.84       Mittwoch

Ganz komisch. Heute waren 169 Mark auf meinem Konto. Hab Kärtchen losgelassen an Mama + Papa ob sie wüßten was das bedeutet. Ist ja schon komisch. Falls mir die Kinderzulage gekürzt wurde, darf ich mich von der Schule abmelden. Aber sone komische Zahl. Hab gleich 160 abgehoben, 10 Mark Schulden + 35 BVG bezahlt. Jetzt noch 30 Mark Schulden und 60 bleiben mir dann. Ich will ne Fastenkur machen. Vorhin die letzten Vorräte vertilgt und noch gut zugeschlagen, jetzt wird Ernst gemacht, Hurrah. Hauptsächlich wegen Geld. Duschen war ich immer noch nicht. Bin schon ne olle Drecksau, really. Hab aber auch keine Lust. Gestern bin ich bis halb 6 oder 6 Uhr morgens wach gewesen. Konnte nicht schlafen. Hab mein Klo nochmal angestrichen, kam ein Türke von nebenan vorbei und meinte er könnte auch nicht schlafen. Ich hab gesagt "Ich steh nicht auf sowas" und als er weitersabbelte "Jetzt reicht es". Hat er kapiert und is abgezogen.

Crazy, really. Ich möcht ja wissen was diese 168 Mark plus zu bedeuten haben. Sone komische Zahl aber auch. Mama hat nichts gesagt von wegen Kürzen wegen der Spirale. Und von Gregoris kam ja grade erst ein Brief, da war aber keine Rede von Kürzung. So ein Scheiß. Hoffentlich ist das Zusatzkohle. Außer Großi weiß bloß keiner sonst meine Konto-Nummer. Kann sich höchstens um einen Fehler handeln. Mama, Papa und Großi – andere wissen die Nr nicht. Von der Bank der Schrieb, da müßte dann aber draufstehen von wem das eingezahlt wurde.

Eigenartig. Gut daß ich die BVG Karte jetzt hab. Mönsch, bin ich fertisch. Will endlich abnehmen. Deshalb mach ich jetzt auch meine Fastenkur… Gestern nacht war ich heavvy drauf. Dachte: "Du mußt jetzt stark sein, und tapfer", ganz so, als ob irgendwas schlimmes passiert wäre. Und dazu noch die Erinnerung an diesen einen Typ aus Köln, über den ich 2 Seiten ja noch geschrieben hab. Also es war schon komisch. Hab noch Häkeldings angefangen, Gardinen fürs Klo. Aber die gelbe Plastiktüte die momentan da hängt ist viel besser. Verbreitet saugeiles Licht. Ich will endlich renovieren.

So. Wieder 20 Mark losgeworden, an Hilko. 10 Mark gehen noch weg, der Rest is mir. (60 Mark) hab eben nachgerechnet – heute gut 20 Mark für fressen ausgegeben. Jetzt reichts. Sonst komm ich ja grad noch 2 Tage hin oder 3 mit der restlichen Kohle und das geht ja nun nicht. Ich werde zum großen Teetrinker. Sauf gurgel schluck. Hab mir 3 mad Hefte gekauft, aber schon gelesen. War ganz nett. Morgen geh ich in die Bibliothek. Vormittags isses immer am besten, nicht so voll und angenehmere Leute. Ich hab mir heute vielleicht einen Schinken ausgeliehen – Psychokrieg. Über psychologische Kriegsführung. Stehen herbe Sachen drin, aber keine sehr angenehme Lektüre, also wirklich nicht. Macht gar keinen Spaß. Hoffentlich ist bald wieder schönes Wetter. Mir geht dieses Grau auf den Nerv.

Wär ja wohl der Hammer wenn ich mich von der Schule abmelden müßte weil die Kinderkohle von Papa gestrichen worden ist.

Ein Abgang in Ehren allerdings. Ohne eigenes Verschulden. Ich wollte ja, habs ja versucht, dafür kann ich ja nun wirklich nichts. Moralisch voll ausm Schneider – Juchuh. Der Imbiß wartet schon. Wie praktisch. Ist mir glatt ne Entscheidung abgenommen worden.

## Donnerstag 5.4.84

Das mit den 169 Mark hat sich geklärt. 200 kamen von Mama, 10 Mark Schulden von der Bank (Portokosten) und 20 hat man mir abgezogen wegen dem Geld was ich mir von Hilko geliehen habe. Kommt wohl hoffentlich bald ein Brief daß von seinem Konto 20 Mark auf meines gegangen sind, sonst hab ich ja 40 Mark weniger: 20 Mark zurückgezahlt und 20 Mark vom Konto weg. Mit Diät war nichts. Hab 2 Croissants, 1 kilo Brot 250 g Butter und 2 Tafeln Schoko verputzt und 10 Mark für Zeitschriften ausgegeben. Rest noch 35 Mark. Ein Witz, ehrlich. Und das Einschreiben, die Abmeldung von der Schule hab ich losgelassen. Damit wäre meine Schulkarriere fürs erste beendet. Mir fällt ein Stein vom Herzen…

Von der Kripo kam ein Brief, ich soll am Montag um 9 Uhr in Berlin 61 aufkreuzen. Falls ich was zu meiner Verteidigung vorzubringen habe. Höchstens daß ich eben kein Geld und Akuten Hunger gehabt habe. Lüg, erzähl. Geld hatte ich wirklich keins, aber Hunger auch nicht. Höchstens langweilig war mir.

War schon in der Bibliothek heute. Der eine Typ, der Aufsicht machte hat mich angelächelt. Ich glaube der findet mich nett. Ich ihn auch, er erinnert mich nämlich an Wilko. Mönsch. Bis September 85 gilt meine Schuüerkarte noch. Is ja ne geile Sache. Falls ich es schaffe, nen Job zu finden, und 1 ½ Jahre lang zu arbeiten und Geld zu verdienen, hab ich ein dickes Finanzpolster. Für meine Verhältnisse. Gut wäre es abzunehmen und als Model zu arbeiten. Momentan fühle ich mich zum kotzen, hab zuviel gefressen und wiege bestimmt an die 70 kilo. Allerdings war das bisher eben jedesmal nachdem ich irgendwohin umgezogen bin. Von Papa weg – zack zugenommen. Ruhe war dann wieder im Frühjahr 83 in Köln, alles wieder runter. Von Köln weg – Februar 84 – zack, zugenommen. Allerdings bin ichs diesmal selber Schuld. Mache diesmal absichtlich Fehler. Hängt mit der Schule zusammen. War bestimmt dumm, mich abzumelden, aber ich bin erstmal erleichtert.

Parents sagen eh nichts mehr. Für den Rest bin ich selber verantwortlich. Mama unterstützt mich hoffentlich noch ein Weilchen. Mann, seit Sonntag nicht mehr gewaschen. Bin ne richtige Drecksau. Kommt wieder. Spätestens

Samstag, isses auch nicht so teuer. Müde bin ich. Müde und kaputt. Nen Zitronensaft würd ich gerne trinken wegen der Vitamine. Schmeckt bloß so scheußlich. Konnte gestern nacht schon wieder nicht schlafen, war bis 4 Uhr wach. Bronchitis vorbei. Schlechte Laune und Freßgier nicht. Kommt wieder. Wird alles wieder gut. Immer tapfer bleiben. Ich werd was stricken. Vielleicht nen Brief schreiben. Schlafen. Teetrinken. Ich will zum Jet Set. Gesellschaft is waiting for me. Hoffentlich geht das gut, der Sprung ins kalte Wasser der Selbständigkeit. Dabei nur ne andere Abhängigkeit. Vielleicht klappt was mit Job. Erstmal abnehmen. Gesund werden, stark werden. Alles neu macht der Mai.

Au Mau. Ich will NICOLE und einen Packen Raider, und zwar jetzt sofort. Da muß ich bloß zum Bahnhof fahren und dazu bin ich zu faul. Was tun? Außerdem hab ich gar kein Geld. Zwar schon Geld, aber nicht für sowas. Außerdem will ich abnehmen, und da ist Raider wohl nicht so geeignet. Scheißwelt. Warum ist mir bloß so langweilig. Warum bin ich bloß so willensschwach. Warum gehts mir bloß so schlecht. Eigentlich gehts mir gar nicht schlecht, ich fühl mich bloß so mies. Außerdem hab ich zuviel gefressen. Und überhaupt. Alles Scheiße.

Der Jet Set rückt in weite Ferne. So wie ich aussehe – igitt.

Und nichts, nichts, nichts was das ändern kann außer meiner eigenen Willenskraft, jene zur Zeit nicht vorhandene.

143

Die mit der man alles schafft was man sich vornimmt. Bis auf Abitur, abnehmen und Geld sparen. Ich fühl mich so beschissen, und keiner kann mir helfen. Außer ich selbst. Da ich aber zur Zeit freßsüchtig bin ist da auch nicht viel zu machen. Was also tun? Nachgeben? Nerven bewahren? Losgehen, einkaufen und wieder zwei Tage Schuldgefühle? Ach es ist zum kotzen. Wenn wenigstens hier in der Nähe ein Kiosk wär, der noch aufhat. Ach Kacke, ich möchte sterben. Alles Scheiße. Fühl mich wie Elisabeth Taylor. Die hatte auch lauter Neurosen und wußte nicht mit sich umzugehen. Ich will jetzt sofort hier und heute 10 Raider und eine Nicole vor mir liegen haben und was dann passiert ist mir egal ich will fressen fressen fressen und was anderes interessiert mich überhaupt nicht mehr. Los jetzt Tini, tu wonach es dich gelüstet, zögere nicht länger. Zum wiedergutmachen langt die Zeit danach. Ein Teufelskreis. Komm ich da alleine raus? Ich weiß es nicht. Aber fressen will ich, obwohl ich noch satt bin. Raider her. Ich will Raider und Nicole und nicht bis morgen warten. Heute noch. Los, geh! Kein Bock, zu faul. Was tun? Ich könnte mich erschießen… Scheiße, ehrlich, Scheiße. Mag nicht rausgehen. Aber Nicole + Raider will ich. Klammheimlich, incognito zum Bahnhof Zoo. Mantelkragen hochschlagen, schnelle Abfertigung im Metro am Kurfürstendamm. Die Zeitung unter das Jackett gesteckt, daß mich nur ja keiner erkennt, die Raider auf zwei Taschen verteilt. Schnelle Blicke zur Seite, wieder in die U Bahn, 3 Stationen fahren, umsteigen, noch zwei fahren und ich bin zuhause. Gehe die Treppen hoch, schließe die Türe auf, schmeiße die Sachen aufs Bett und mich hinterher und die Gier überwältigt mich fast, ein Raider nach dem anderen findet seinen Weg in meinen Magen. Geil.

Zwei Stunden später ist mir immer noch schlecht, ich kann nicht schlafen obwohl ich todmüde bin. Zu tun hab ich immer noch nichts. Fressen kann ich nicht mehr, Nicole ist ausgelesen, ich liege auf dem Bett und denke nach. Wie beschissen die Welt ist. Warum sie mich so im Stich läßt. Warum ich sowas mache. Nein, darüber werde ich wahrscheinlich nicht nachdenken. Mir fiele eh keine Antwort ein. Da heißt es warten bis ich wieder hungrig bin. Spiel mit dem Feuer. Wie lange halten meine guten Vosätze diesmal? Bis zum nächsten Mittag? Wie gewöhnt man sich sowas ab? Geht das überhaupt? Oder werd ich das erst los wenn ich tatsächlich keinen Pfennig mehr hab? Aber dann kann ich auch nicht duschen, keine Zeitung kaufen, mich nirgends bewerben.

Au ist das alles eine Kacke. Auf zur Metro im Kurfürstendamm. Wenn ich schon sonst nirgendwohin kann – solange ich Geld habe gehe ich einkaufen. Leider reicht das Geld nicht allzulange. Umso besser

Ohne Geld wird man wacher, sieht klarer, fallen einem neue Dinge ein. Ich geh jetzt. Tschüß.

## Freitag 6. April 84

War nix mit Null Diät heute. 4 Raider, 1 Brötchen, ½ Pack Butter und 1 Pfund Weißbrot und einmal kurz kotzen sowie ZEIT-Lesen.

Und langeweile. Und schlechtes Wetter. Und Übelkeit. Und Stinken weil wieder nicht gewaschen und auch die Klamotten nicht gewechselt. If I really had no money, It would be okay, but like this I am not happy until I have spent the last pence. Au Kacke. Duschen geh ich morgen weils da billiger ist.

Klamotten wechseln ist schwierig weil fast alles dreckig ist und ich in die anderen Hosen schon gar nicht mehr reinpasse. Au Kacke. Au Kacke, ehrlich. Mein Leben, fürn Arsch. Nix zu tun, zu allem zu faul. Was ich will ist klar: Durch Schönheit glänzen, Member of the High Society werden. Bloß die Wege die ich dazu einschlage scheinen, nach ausführlicher Prüfung, nicht so recht geeignet zu sein. Bestes Beispiel: Abnehmen wollen und über 5000 Kalorien pro Tag zu sich nehmen. Kein Geld haben und dennoch welches Ausgeben. Scheiße. Ich will raus. Ist so eng hier. Ich hab Angst. Völlig irrational. Wann werd ich den Schock verdaut haben? Wovon will ich leben mein Leben lang? Was tun um nicht verrückt zu werden? Wenn ich mir die Faulenzerei wenigstens leisten könnte. Ich bin so blöd. Aber die Schule schaffe ich nicht. So beschissen wie es ist, so unvernünftig es sein mag, ich bin froh daß ich mich abgemeldet hab. Nur weiß ich nicht was ich stattdessen tun soll. Arbeiten gehen. Aber erstmal einen Job finden. Und dann fängt derselbe Scheiß ja wieder an: Frühes aufstehen, blöde Leute etcetera. Aber wenigstens eigene Kohle, falls es klappt. Mir ist so richtig nach Vollbad zumute. Bin so faul. Liege bloß noch aufm Bett rum. Fressen, lesen, schlafen, stricken, thats my life. Wie aufregend. Und das mit 20 Jahren. Mit 40 Alkoholiker mit 60 Rentner (falls die Welt dann noch existiert) mit 70 Tote. Juchu.

Endlich. Bodenlose Langeweile macht das Leben aus. Ich muß endlich anfangen mich wieder vernüftig zu ernähren. Aber der Scheißkram liegt näher, was weiß ich warum. Scheiße. Selbstkontrolle verloren. Ich hab Angst. Berlin is ne Stadt die mich umbringt.

Wirklich tragisch, was ich da so schreibe. Jedenfalls war ich bis 20 Uhr in der Bücherei ums Eck rum und hab gelesen. Morgen will ich duschen gehen (endlich) und zu Aldi, 2 Päckchen Tabak und 2 x Blättchen kaufen. Und irgendwelches Obst und Tee. Am besten wären Zitronen, oder Äpfel in Tüten von Bolle. Mit der Kohle, das ist sone Sache. Am Abend bzw. am Sonntag kaufe ich die Berliner Morgenpost und schaue mal nach Jobs, und am Montag gehe ich mich vorstellen, falls was geeignetes dabei ist. Ansonsten werd ich weiterhin meine Tage in der Bibliothek verbringen. Ich wiege übrigens 70 kilo, hab mich eben auf die Waage gestellt. Ganz schön viel. Rekord fast. Soviel wars echt schon lange nicht mehr. Aber den Rest Brot und die Butter hab ich weggeschmissen, war auch gut so. Das verführt echt zu sehr, wenn das hier rumliegt. Morgen mit Äpfeln ein neues Leben anfangen?

Ich muß wieder Vitamine haben, ich bin schon völlig schlaff. Sonst krieg ich noch Skorbut und das wollen wir ja nicht, gelle? Am besten ich gehe gleich ins Bett, ich habe nämlich nichts zu tun. Außer rauchen, stricken und Tagebuch schreiben fällt mir auch nichts ein. Blöd ist nur daß ich bis mittags geschlafen habe, also absolut nicht müde bin. Aber zum Wachbleiben hab ich keine Lust. Und abends ist schlafen ja wohl legitim. Morgen telefonier ich mal mit Maike. Vielleicht hat sie ja Bock auf Besuch und lädt mich auf einen Tee ein. Zum Weggehen hab ich allerdings wenig Lust. Ich will erst wieder schön dünn sein und dann meine Schnorrer Tour durchziehen. Außerdem brauch ich Klamotten, ein paar Schuhe auch. Hab ganz gute gesehen, für 18 Mark.

## Samstag 7.4.84

Rest Bar 10 Mark. Einmal Wäsche waschen. Morgenpost kaufen, Telefonieren. Duschen am Dienstag oder schon Montag. Für Morgen 9 Äpfel. Aufm Konto noch 29,50. Wenn die Kohle von Papa kommt, nochmal 12 oder 13 Mark, wie ich hoffe. Ob das reicht bis zum 17.4., bis die neue Kohle kommt? Nur für essen und gelegentliches Duschen. Und noch ne Dose Tabak. Hab mir heute einen 100 Gramm Pack gekauft, der hoffentlich die Woche reicht. War bißchen teurer als der vom Aldi, aber ich hatte keine

Lust mich da an einer dieser endlosen Schlangen anzustellen. Dann noch 2 kg Äpfel gekauft für 4 Mark. Diesmal keine Boskop… Maike ruf ich morgen an, zwischen 2 und 3. Heute abend will ich eh nicht weg und wenn ich heute anrufe isses so blöd wenn ich morgen schon wieder was von ihr will.

Den Tag von 2 bis 7 hab ich in der AGB verbracht. Draußen war total schönes Wetter, tat mir richtig leid. Ich hätte spazierengehen sollen. Naja. Hab gelüftet und bin gegen 7, als ich nen Depri und Hunger kriegte wieder nach Hause gefahren und hab erstmal 3 Äpfel eingepfiffen.

Ich komm mir ja so out vor. Außerdem finde ich nie nie nie einen Job. Scheiße. Ich guck trotzdem. Probieren kann ichs ja mal gelle? Außerdem fühl ich mich jetzt besser, nachdem ich was gegessen habe. Eben gings mir echt mies. Was tun hück avend? Ausm Fenster glotzen, solange es noch hell ist, dann Pullover zuende stricken. Nur noch 250 Reihen, großartig? Jede hat 110 Maschen. Nee, sind mehr Reihen. Auf 10 cm kommen ungefähr 25, und ich will 60 cm stricken, also 6 · 25 = 150 Reihen, also weniger. Trotzdem viel zu viel. Außerdem noch die Ärmel. Scheißteil. Hätt ich bloß nie angefangen. Fühle mich wie ausgekotzt, so richtig asozial. Scheiß Welt. Warum haben die mich in die Welt gesetzt? Wenn man mich gefragt hätte, ich hätte nein gesagt.

Hab mir ne Morgenpost geholt wegen der Stellenangebote und ne Ferrero Kugel aus Freßgier. In der Morgenpost war leider nichts geeignetes. Was tun? Ich weiß nicht weiter. Gib es echt keine Jobs hier oder wie sieht das aus? Its really fucking asshole. Wat mach ich bloß? Womit die Kohle zum leben verdienen? Is ja wohl ein Scheißspiel. Einmal raus – bleibe draußen. Hab mich selber ausgebootet. Trotzdem bin ich froh mich von der Schule abgemeldet zu haben. Zu beschissen, jeder Tag. So bleibt mir noch die Sozialhilfe wenn Mama nix mehr zahlt. Tolles Leben, really wär ich bloß nicht auf die Welt gekommen, wäre mir so manches erspart geblieben. Leider ist mein Psychiater der einzige der mich für förderungswürdig hält. Ich muß einen Job finden, koste es was es wolle.

## Dienstag 10. April 84 17 Uhr

Wöh, wat ne Kacke. Hab Heimweh nach Köln und nichts zu tun. Jammer, jammer. Alles Geld ausgegeben, bis auf 8,30. 5 DM davon für Wäsche und 3,30 für 3x Duschen bis nächste Kohle. Ich hab noch knapp zwei Mark. Großi hat geschrieben sie hätte ne dreiwöchige Fastenkur gemacht und 10 Pfund abgenommen. Tolle Sache. Müßte ich eigentlich auch schaffen. Zwangsweise jetzt mindestens von Mittwoch bis nächste Kohle. Ich zisch gleich nochmal los und geb den Rest Geld aus. Dabei hab ich heute schon wieder soviel gefressen daß mir ganz schlecht ist. Ich denk an Sanja und all die anderen… Ach Kacke.

Das Leben ist eine einzige Verarschung. Ich geh gleich nochmal in die Bücherei. Bin ich wenigstens beschäftigt, auch wenn mir schlecht ist. Ach ist das alles öde. Nun ja. Vielleicht wird ja mal was aus mir. Wenn ich mich bloß mal zu irgendeiner konstruktiven Aktion aufraffen könnte. Aber nein – erst abnehmen. Außerdem hab ich jetzt alles zusammen was ich so brauche. 4 Zitronen, einen Haufen Äpfel und alle Langeweile der Welt. Kann ja nichts mehr schiefgehen, wa? Dabei werden die 4,5 Tage nicht viel bringen, wenn ich danach wieder so weiterfresse wie jetzt. Aber was solls. Vielleicht schaffe ich ja auch mal den Absprung. Maybe, maybe.

## 23 h 43

Hab ein geiles Buch gelesen. Von Margaret Atwood. Super geschrieben. Eine Frau, krebskrank und Brustamputiert, Journalistin, fährt nach der Operation in die Karibik, schiebt den Job vor, aber will sich auch erholen. Betont, daß sie nur über "Lifestile" und solche Sachen schreibt und gerät dabei in eine Mini-Revolution. Bißchen Sex ist beschrieben, aber gut, und gefoltert wird sie auch – also kurz, das lesen machte Spaß...

Nee gefoltert wird sie nicht. Aber andere, nur so ein bißchen am Rande. Also es ist ein tolles Buch, vor allem wie es geschrieben ist. Mal in Ich-Perspektive und mal in 3. Person.

Die Frau hat noch mehr Bücher geschrieben, ich werd morgen in der Bücherei schauen ob ich die anderen von ihr finde. Womöglich sind die noch besser, sie wurden vorher geschrieben. Das Buch ist so richtig für Langweilige Ferien und Diätkuren geeignet, also echte Unterhaltung (Nur 9.95, exclusiv bei mir). Schon spät geworden. Hab kein Geld mehr, noch 40 Pfennig aber das ist ein Witz. So. Jetzt wollen wir mal sehen. Geld leihen will ich mir nicht.

Morgen geh ich Wäsche waschen und duschen. Und in die Bücherei, Zeitung lesen und nach Atwood Büchern gukken. Und trinke Leitungswasser samt dem darin enthaltenen Blei aus den Wasserrohren.

Ich hab noch ne Frankierte Postkarte. Hoffentlich fällt mir jemand ein dem ich sie schicken kann bevor die Post wieder das Porto erhöht die Schweine. Ich glaube, ich werde doch meine Strom + Gasrechnung bezahlen. Gestern nacht war ich so drauf mir alles sperren zu lassen, Strom und Gas. Da ich eh nicht koche und abends für die Stunde licht kann ich auch Kerzen benutzen. Dann wirds allerdings ätzend weil ich dann nicht mehr Licht machen kann oder kochen kann, selbst wenn ich wollte.

Heute hab ich ne Tasse Kaffee getrunken. Übel wars. Hab gleich nen Kreislauf Flash gekriegt und tierische Unterleibsschmerzen. Zum Glück jetzt vorbei. Die hatten so Zettel verteilt, gültig für eine Tasse Kaffee gratis bis 14.4. Ich hab mir gleich so fünf gegrapscht. Da gibts noch zwei Eduscho Läden außer dem wo ich heute war.

Morgen ist schon mittwoch. Lächerlich, das "schon" – wo eh alle Tage jetzt Ferien sind.

Ich hab Großi nen Brief geschrieben, Motto: Es ist hart aber ich komm durch. Anschließend zerknüllt und weggeworfen. War zu blöd. Aber an Mama ne Karte losgelassen. Danke für Bettwäsche und ansonsten alles klar plus Gemoser wegen 1.10 Nachporto. Hoffentlich kriegt sies nicht in den Falschen Hals.

Ich denk an die eine Frau aus München, die mit den Teppichen, die ex freundin von Großi, die auch in dem Haus gewohnt hat – Inge Wollinger. Der könnte ich mal schreiben. Das doofe ist bloß – ich kann ja keinem von denen sagen was tatsächlich läuft, wie die Lage ist, wegen Mama, Papa + der Kohle, und zum Lügen hab ich keine Lust, und zum nichtssagen auch nicht, da kann ichs ja auch gleich lassen. Ich werds mal versuchen, aber das ist so doof. Lieber nur ein kurzes Kärtchen, Gruß aus Berlin und wie es so geht.

Die Frau, die mochte ich echt gern. Und außerdem kann die mir helfen. Aber erst beim offenen Bruch mit Parents – vorher Brauch ich sie nicht. Trotzdem. Ich überlege nach September 85 aus Berlin abzuhauen, und München ist nicht schlecht, und wie die leben auch nicht (Bad, Waschmaschine) außerdem Sann's nett – und fürn Übergang, gelle… Andererseits: Ich werd nie Gelegenheit haben mich irgendwo einzuleben, wenn ich dauernd umziehe. September 85, sind 2 Jahre Berlin. Lange Zeit. ½

Jahr fast bin ich schon hier. Nov, Dez, Jan, Feb, Mar, April der 6. Monat. Jetzt muß ich erstmal mich selber wiederfinden. Ich kenn die Stimmung in der ich jetzt bin, so ähnlich wie als ich bei Bodo Baumgartner war und Mittags die Erdnüsse von Aldi gefuttert hab und es regnete.

Wenn in Köln nicht so ein Scheißklima wär – ich würd so gerne zurück. Aber diese Enge in der Innenstadt und diese Aussichtslosigkeit – Da war echt Sense. Und viel zu nahe an Mama dran. Also ich warte jetzt erstmal ab.

Nächste Station ist München. Näher an Paris ran, näher an Mailand ran. Ich würd nur gerne was tun, was lernen, womit ich dann Geld verdienen kann. Sprachen? Mal sehen. Aber die anstrengung. Erstmal will ich sowieso bloß abnehmen, das ist anstrengend genug. Und maybe, vielleicht lebts sich hier besser als ich es jetzt so sehe. Das Klima ist ja prima hier. Bis auf den Gestank. Und vor dem Winter hab ich Horror. Frier, Zitter, Bibber.

## Mittwoch 11. April 84

Heute erster Tag ohne Kohle. Geld meine ich. Hab 5 Äpfel gegessen, eine Kanne Tee getrunken und 1 ½ l Wasser pur. War duschen und Wäsche waschen, und ne 15 jährige Türkin hat mir ne Schachtel Zigaretten und ein Feuerzeug geschenkt. Hatte wohl zuviel davon. Sie war mit ihren Brüdern im Waschsalon. Die waren zwischen 8 und 13 und qualmten. Verrückte Kerle. Einer machte die

Kippe in den Haaren eines anderen aus. Die waren wirklich verrückt die Kinder. Das Mädchen hat erzählt sie müßte den ganzen Haushalt machen und manchmal sogar für ihre Mutter arbeiten gehen. Ach ja, malerisches Elend. Aber angemacht hat mich dieses Kind, schon als ich sie sah. Bißchen pummelig, aber niedlich. Und die Kinder – runtergekommen, zerlöcherte Pullover, ungewaschen, Wunden im Gesicht. Und das ist wahr, nicht erfunden. Verrückte Welt. Dann war ich in der Amerika Bücherei am Blücherplatz und hab Transatlantik gelesen. Mir gegenüber saßen zwei völlig bekloppte Typen, die Autogrammjäger wohl waren. Sie hatten vier oder fünf Wälzer vor sich liegen und blätterten nach Star-Adressen. Und redeten sone Nuschelsprache, ganz schnell und verworren. Überhaupt, zwei Karikaturen.

Dann hab ich noch ein Buch von der Atwood gefunden, ausgeliehen und bis eben gelesen. War aber nicht so gut wie das erste, vielleicht weil mir der Stil über wird.

Morgen erscheint Stern und Zeit und ich geh in die kleine Bücherei hier am Flecke lesen. Mist. Busfahren will ich, was von der Stadt sehen. Und meine Wohnung zu Ende renovieren. Gestern nacht hab ich umgeräumt. Sieht jeck aus. Mehr platz als vorher. Sehr gemütlich ist es nicht.

Ich hab die Regale umgebaut. 2 Einzelne mit 4 Borden daraus gemacht. Eines steht neben dem Ofen, das andere neben der Tür in den Raum rein. Neben dem Ofen die Klamotten, neben der Tür der Schreibkram + obendrauf

155

die Wolle. Leider alles ziemlich wackelig, aber den Sommer über wirds gehen. Im Winter muß das eine Regal neben dem Ofen weg weil ich sonst nicht heizen kann. Aber bis dahin wird mir hoffentlich was eingefallen sein. Ach ja, meine zwangsweise Null-Diät… 8 Äpfel hab ich noch und vier Zitronen. Und Tee und Leitungswasser unbegrenzt. Und ein Loch im Bauch. Tut aber ganz gut, das Fasten. Wenn ich wieder Kohle hab will ich einkaufen. Noch mehr Strohbelag für den Fußboden, Tapete, Kleister, weiße Wandfarbe und Schmirgelpapier und Weißlack für Klotür und Fenster im Zimmer. Das reicht dann erstmal. Sonst fehlt noch Socken, die fehlen mir sowieso immer, Futter, Pflanzen, Bilder, Wolle (← Frevel, wo ich doch noch soviel rumliegen hab), Nagellack

Ach ja, wir werden sehen. Momentan hab ich keinen Bock über sowas nachzudenken. Schlechte Laune. Scheiß Schreiberei. Macht mich immer motzig. Üble Angewohnheit, wie mir scheint. Sollte ich aufgeben und stattdessen Gymnastik machen oder Träumen.


**Donnerstag 12. April 84       16 h 30**


Schriebe ich nieder, was mir meine Phantasie eingibt, so würde ich heulen weil die Wirklichkeit nicht so ist. "Was nicht ist kann ja noch werden", ein schwacher Trost. Ich habe Hunger, das Teetrinken hilft aber. Der zweite Tag. Am Sonntag ist der fünfzehnte April, und danach gibts Kohle. Wird auch Zeit, denn ich will mir ein paar Schuhe und noch ne Stroh matte von Ikea kaufen. Wie ärgerlich daß noch die Strafe vom Schokoklau bei Karstadt kommt. Hoffentlich nicht so viel. Lesen ist ne geile Sache, vor allem bei Büchern die von der Atwood geschrieben sind. Wenn ich so schreiben könnte, man, das wär geil. Hab ganz gute Phantasien im Moment.

**Freitag 13. April 84    22 h 42**

So wie ich lebe isses doch ganz geil: Gegen mittag aufstehen, fressen, Bücherei, lesen bis in die Nacht poofen, nächster Tag dasselbe.

Also das Gefühl dabei ist in Ordnung. Tragisch nur die Reaktion der Waage. 70 kilo oder so, Stell mich lieber nicht drauf… Heute hab ich meine letzten 50 Pfennig zusammengekratzt und Brot gekauft. Nachdem ich 2 Tage bloß Äpfel gefuttert hab, nach 2 Monaten Freßorgie. Aber ich hab mich echt zu schlaff gefühlt. Mußte was essen.

Morgen um 12 kommt Shawn. Vorher will ich duschen, und eben in die Bücherei reinschaun, Lesestoff fürs Wochenende wo doch die Bücherei zu ist. Daß mir auch nicht langweilig wird. Shawn wollte auf den Markt gehen. Sehr gute Idee, da fällt bestimmt was zu fressen ab. Abends ist im Forum ne Eröffnung. Aber peinlich peinlich, ich bin ja so fett geworden. Ich würd schon gerne hingehen, wenn das nicht wär. Die mürrische Visage von dem Alten Hundsfott (Romanwort, erste Auswirkungen. Wenn die ständigen Bettszenen nicht wären würd ich sie bestimmt nicht lesen. Aber interessant isses, was den Typen in den Büchern so zustößt. Meistens zu glatt, zu einfach, zu flach. Das letzte, von Géza von Cziffra ist von einer Frau in Berlin mit zahllosen Amourösen. Plänkel Plänkel. Das geht nur alles zu fluppdich, da gibts keine Zeit, keine Reflektion, da reiht sich ein ereignis ans andere, aber die Personen haben wenig Innenleben. Die Frauen denken drüber nach wen sie als nächstes bumsen und die Männer lassen platte Sprüche in Wildwestmanier ab. Es kommen auch regelrechte Konflikte vor, beispielsweise reicht ihr das Dasein als Hausfrau und Mutter nicht, sie will mehr. Jaja Liebe Drama Eifersucht. Ich hätte das gerne, mit diesem Uli in Köln, Hoffentlich finde ich nochmal son tollen Kerl. Vielleicht wartet er ja aufm Klo und überfällt mich wenn ich pissen gehe. Wär zu schön.

Oder es ist der liebe Junge aus der Bücherei, der mich anlächelt und ich ihn auch wenn wir uns sehen. Der, der mich an Wilko erinnert. Abgefahrene Sache. Ich geh jeden Tag in die Bücherei und les im Spiegel oder in der Zeit unter seiner Aufsicht… Nee, er macht von 11 bis 1 oder 12 bis 1, heute war ich erst um vier da, aber als ich die Bücher zurückgab kam er mir entgegen und lächelte reflexartig, ich auch. Scharfes Spiel. Dabei is der so bieder.

Für Sozialhilfe ist Berlin wohl die geeignete Stadt. Eigentlich prima. Meine Eltern müssen zahlen und falls denen was passiert das Sozialamt und wenn Mami stirbt erb ich ein Haus. Aber bitte weiterleben Mami, muß erst abgezahlt werden, das Häusle.

Einer der Typen in dem Buch, ein impotenter Freund der Hauptperson erinnerte mich dauernd an den der in der Gleditschstraße wohnt und jetzt in Heidelberg ist. Name vergessen. Liegt am Bleiwasser. Ich werd das Buch hier veröffentlichen, abzüglich der Passagen wo ich davon spreche es zu veröffentlichen und ohne das ewige: Mir ist so langweilig und ohne die Stellen wo ich Geld zähle.

Ich hab Schmerzen im Unterleib. Gebärmutter, Eierstöcke, was weiß ich. Hunger sowieso, ständig. Liegt an der Spirale, nehm ich an. Echt bescheuert. Hab ich eine drin, mag ich nicht mit Typen bumsen weil ich mir so wund und verletztlich vorkomme. Hab ich keine drin bin ich scharf wie Harry und darf nicht wegen Nachwuchs. Scheiß Erfindung dieses Dings. Auf Pariser steh ich nicht und Pille will ich nicht fressen. Ich hab Bock zu heiraten, vom Gehalt meines Mannes zu leben und Kinder zu hüten. Ansonsten keine Konflikte. Sollte mich mit Rüdiger zusammentun, der wollte sowas auch. Aber der is zu blöd und außerdem ewig in Doris verknallt. Ich komm mir vor wie 12 das zu schreiben. Denn es ist längst vorbei, alles alte Geschichten, Schnee von gestern, kalter Kaffee. Sollte mich nach was neuem Umschauen. Heute hab ich im Malergeschäft an der ecke einen Pinsel geschenkt gekriegt, als Trostpreis weil ich keine Sackkarre gewonnen hab.

Geile Sache. Wo ich doch jetzt streichen will? Ich fahre zur Zeit auf blau-weiß ab (Bayrische Nationalfarben) Gib der alten eins aufn Deckel sagt dazu der Berliner als Preuße, gell. Aber die Tür im Klo auch noch weiß, das ist zuviel. Abschmirgeln, und dann streichen. Dunkelblau. So dunkel daß man gerade noch merkt daß es blau ist und nicht schwarz. Das Blau des Universums – gott wie poetisch.

Ah, ich würd auch gerne sone Sachen schreiben womit sich gelangweilte Hausfrauen zwischen einkaufen, Staubwischen und essen kochen die Zeit vertreiben. Amüsante Geschichten. Mothers little Helper aber ohne Chemie, wohl suchterzeugend, das muß sein, eine psychische Abhängigkeit damit die Leute kaufen und ich reich werde. Kleine Schundromane, Sex + Crime, oder das mit den Ärzten. Geile Sache.

**Samstag 14.4.84        schon Sonntag 0 h 30**

Uaah Shawn Eltville Kotzobrocko. Also er is ja ganz nett. Aber nicht länger als zwei Stunden. Dabei futter ich grade Sachen die er gekauft hat. Ich bin echt ein Schwein. 1.80 die Bananen, 3 Mark die Äpfel, 1.40 die Avocados. 1.50 der Kaffee, 3.80 das Guinness, 6 DM das Kino und ca 3 Mark der Wein und gerade eben rauskomplimentiert. Der arme Junge. Wird völlig ausgenommen.

Himmel, ich mag den, bis zu einer gewissen Grenze, mehr nicht, ganz klar. So isser ja ganz nett, aber er nervt. Muß er sich nicht wundern wenn er ausgenommen wird. Himmel und Hölle, ich wär lieber ganz alleine als mit so einem zusammen. Also irgendwo muß ja mal Schluß sein. Nein, der nervt mich echt. Wenn ich wenigstens irgendwas vorschieben könnte. Aber der is echt zu blöd. Nee nee. Kommt nicht in Frage. Das was der erwartet gibts nicht und je eher er das kapiert umso besser für seine Brieftasche – Well aber ich hab gutes Essen jetzt hier, das muß man sagen. Tut mir ja leid für ihn – ich packs auch ohne den und ich frag mich wie mies man den behandeln muß damit er versteht. Vielleicht ein Idealist. Hält das für Liebe. Nee ich les lieber, geb weiterhin mein Geld zu schnell aus und leb dann ne Woche auf Null Diät

Ach was alles kacke hab sowieso nen Depri. Scheiß Welt, scheiß alles.

♡ aber nicht Shawn


### Sonntag nachmittag 15.4.84

Au, gehts mir schlecht. Psychisch. Hänge durch. Sehe mich in zehn Jahren noch hier liegen, wartend auf alle 2 Wochen 200 Mark von Mama. Tu nix, bin wertlos etcetera.

Ist das ätzend. Dabei hab ich so eine Ahnung, so ein wissendes Vorgefühl. Kann aber auch am Vollmond liegen oder am Frühling. Hoffentlich kommt Geld morgen. Ich war beim Türkenbäcker und hab für meine Duschmark ein Brot gekauft. Jetzt hab ich immer noch Bock zu essen und wenn die Kohle kommt kann ich erst wieder duschen, was wenn ich Pech habe, bis Mittwoch dauert. Länger hoffentlich nicht. Dabei bin ich bereits seit einer Woche ohne Kohle, hab auch ein bißchen abgenommen, ohne Waage, aber der Bauch ist flacher. Aber nach dem gestrigen Abend – Bäh Kotz – ich will nie wieder weggehen. Ich hätte nur gerne eine vernünftige Beschäftigung.

Als Zeitvertreib ist lesen und futtern ja ganz angenehm, allerdings bringt es kein Geld ein und eröffnet mir auch keine Perspektiven. Ich werd bloß immer fetter und die kostbare Zeit geht flöten. Kostbar is natürlich ein Witz, da ich eh nichts mache. Aber ich könnte die Zeit nutzen. Mir fällt bloß nichts ein und ich hab keine Lust.

Mann, ich bin 20, und so wie es aussieht gehts mir mit dreißig nicht anders. Wie peinlich, really. Hoffentlich ändert sich das. Von alleine natürlich. Ich möchte alles geschenkt kriegen. Keinen Bock was zu tun. Eine uninspirative Umgebung. Außerdem bin ich zuviel alleine aber grade das gefällt mir. Was mir fehlt ist ein Magen mit unbegrenztem Fassungsvermögen damit ich mich völlig meinem neuen Hobby hingeben kann. Leider wird mir meistens schlecht wenn ich zuviel gegessen habe. Wirklich ein Jammer.

## Montag 16.4.84      nachmittag

Maike: Ungefähr 34, hab sie im Concours (konkurs) ken-
nengelernt. Hat Magengeschwür. Schwarze (gefärbte?)
Haare, kurzgeschnitten im Punker Stil, Nachzügler-Mode.
Zu dick. War mit nem Typen befreundet, wegen dem sie
nicht als Kindermädchen nach England gegangen ist,
leichte Bitterkeit deshalb. Sackte nach der Trennung in ein
Loch, hat sich aber jetzt gefangen und geht wieder unter
Leute. Komisch, findet Gefallen an Jungs die mir zu kindisch sind. Säuft zuviel, vielleicht liegts daran. Hat meine
Adresse nicht. Aber wenn ich sie anrufe, krieg ich zu
hören was ich denn nun machen will, jetzt, wo ich mich
von der Schule abgemeldet hab.

Ich hab geträumt ich hätte mich wieder angemeldet, also
die Abmeldung "annulliert" und mich an jemand ge-
schmiegt den ich für Lutz hielt, war er auch aber ich habs
nicht gesehen, nur gefühlt. Ähnliche Beziehung wie zu
Sven Fischer, also beschissen.

Heute ist Geld gekommen. Hab 70 Mark der Bewag ge-
zahlt und 20 Mark für Essen ausgegeben, war kurz in der
Bücherei. Hoffnungslos. Das Buch was ich grade lese
geht mir aufn Wecker weils so langatmig ist. Vielleicht
gehe ich die Bücher umtauschen. White ist nicht mein
Stil. Obwohl er den Nobelpreis für Literatur gekriegt hat.

Ich hab Arno bei Kaisers getroffen, den ausm Konkurs, der meinte ich würde schön tanzen und mit dem ich ein oder zweimal was geraucht hab.

Er meinte er hätte mich schon vermißt und ich hab gesagt ich wär unter die Einsiedler gegangen. Wenn ich soweit bin komm ich auch wieder raus, aber im Moment gehts nicht. Ich fühl mich einfach nicht danach.

Morgen will ich zur Sparkasse und 50 Mark auf ein Sparkonto einzahlen. Ich werd einfach eines eröffnen. Wenn ich hier in der Wohnung soviel Geld rumliegen hab verführt mich das nur. Und ich glaub schon daß ich mit den anderen fünfzig Mark hinkomme. Ich will einfach was zurücklegen. Immer das "auf den letzten Pfennig" nervt mich. Außerdem kommt demnächst noch mal was von diesem Schokoklau, das kostet auch was.

Ich hab das Gefühl ich ergehe mich in endlosen Wiederholungen. Ewig nur Geld, Geld, Geld. Naja – was anderes passiert ja auch nicht. Ich führ schon kein Leben mehr. Was würd ich geben für ein kleines bißchen geistiger Unabhängigkeit. Tja was? Hab nix zu geben. Das was ich hab ist das was ich zum überleben brauche. Ich fühl mich wie im Oktober letzten Jahres auf der Bahnhofsmission. Zuviel gegessen und einen Pickel in der Nasenfalte. Das juckt und nervt. ♡ ♡ für Alfred (← den gibts gar nicht)

Jetzt isses schon Dienstag. 4 Uhr früh. Ich bin noch wach, wie unvernünftig. Hab eben Kaffee getrunken. Ich mag nicht schlafen wegen meinem vollen Bauch, das muß erst besser werden, dann geh ich ins Bett. Das ist schrecklich, wenn man müde und satt ist. Lieber müde und hungrig, dann ist man froh einzuschlafen. Wenn ich jetzt schlafen würde hätte ich höchstens schlechte Träume, also laß ichs.

Gestern war ich noch im Forum. Die ziehen demnächst um und machen ein richtiges Café auf, hier um die Ecke. Ich wollte mich schon als Barfrau bewerben. Wär doch lustig. Allerdings nicht wenn der Schnitzler um mich rumwieselt. Aber als Job schon. 10 Mark die Stunde, wär echt gut. Und noch so nah. Kein Generve von wegen rumfahren, und ne BVG Karte bräuchte ich dann auch nicht mehr. Aber halt erst im August, und wer weiß ob da überhaupt was läuft.

Dann hab ich noch einen getroffen, dem seine Nachhilfestunden einen schicken cremfarbenen Anzug eingebracht haben. Ach, ich kam mir vielleicht vor. Er – jetzt arriviert und ich – hocke immer noch in meinem Dreckloch und keine Hoffnung auf irgendwas. Jedenfalls war er ganz besorgt als ich ihm erzählt hab daß ich die Schule geschmissen hab. Das tut doch gut wenn jemand besorgt ist. Wenigstens einer. Das Arno mich vermißt hat tat auch gut. In Köln – undenkbar. Vielleicht lag das an den Leuten mit denen ich zusammen war, oder an meinem Kaffee konsum weshalb ich immer high war was ich dann mit Alkohol wieder umgekehrt hab bis ich dann gegen 4 Uhr ins Bett geplumpst bin.

Komisch nur meine Abneigung gegens Bumsen. Ach ich würd mich gerne sauber fühlen, wieder fühlen daß ich lebe, einfach sensitiver werden.

Das Fasten soll ja sone Wirkung haben

ich könnte das mal versuchen. Morgen 100 Mark auf die Bank bringen und 2 Wochen nichts tun, auch nicht duschen gehen, geschweige denn rauchen. Aber ich glaube das ist nichts. Ich werde mir lieber einen Zitronensaft als Frühstück gönnen, zweimal die Woche duschen gehen und auch was zum Qualmen dahaben.

Kaffee vertrage ich allerdings nur wenn ich gegessen habe, bzw ich will sofort was zu fressen nachdem ich den getrunken habe – also ich werd mich damit was zurück-halten und lieber Tee trinken.

Und jetzt würde ich am liebsten spazieren gehen. Ich fühl mich physisch beschissen, psychisch ganz gut. Nur der volle Magen, das ist ein ekelhaftes Feeling nach einer Woche fasten, bzw wenig essen. Bah. Dabei wollte ich das noch nichtmal. Hab nur irgendwas eingekauft. Wie immer viel zu viel – tja und das war s dann. Uaah ich könnte kotzen.

## Mittwoch 3 h 42 früh

Ich hab heute Arno getroffen als ich gerade Pizza fressen gehen wollte. Das war so gegen 8. Er hatte grade seine Wäsche im Waschsalon und lief so durch die Gegend. Ich bin dann mit zu ihm und dann sind wir zu mir gegangen und haben geredet bis er um halb 1 gegangen ist. Ich fühl mich so todsicher. Vorhin hatte ich nur Watte im Kopf, konnte kaum was sagen so gehemmt war ich, aber dann wurde es besser. Ich erinnere ihn an ein Mädchen aus seiner Kindheit. Und als er das gesagt hat da kam ich mir echt seltsam vor – wie konnte ich nur glauben daß er mich meint – es war die Erinnerung an dieses Mädchen. Das war vielleicht ein Feeling. Jedenfalls kommt er morgen vielleicht vorbei. Todsicher vielleicht.

Verrückte Geschichte. Ich fühl mich so anders. So Zwei. Nicht mehr alleine. Der Junge wird ein böses Loch hinterlassen wenn er geht. Ich versteh gar nicht wie jemand so sein kann wie der. Ich fühl mich so seelenverwandt mit dem. Bin ich sentimental oder was?

Auf jeden Fall kann er von mir aus hier einziehen. Ach die Welt ist verrückt und wir sind in Ordnung. Erstens ist gerade Vollmond. Zweitens hab ich sowieso ne Macke. Drittens ist er nett. Mehr als das. Wenn ich da an diesen Scheiß Shawn denke und das Chaos was der hinterläßt – Im Gegensatz dazu fühl ich mich jetzt völlig in Ordnung nach dem Arno hier war.

Scheiß Shawn. Ami go home. Was mich ärgert ist das ich so fett bin. Wo Arno so'n dünnes Persönchen ist. Oh, das gibt ein Leck.

Ich laufe aus. Alles was aufgestaut ist. Ich hab so ein geordnetes Feeling im Moment. Zwar keine Ahnung was los ist aber irgendwie isses gut. So ähnlich wie bei Uli. Weißt Du – ich würd gerne über alles reden können – nicht das Gefühl haben müssen es gäbe Tabus, da reden wir nicht drüber weil sowas Angst erzeugt (das Gefühl etwas nicht sagen zu dürfen)

Alles raus. Vielleicht die Energien die Aufgestauten.

Fasten soll ja sehr gut sein.

Heiraten? Lächerlich. Auf Antrag schon. Bloß – was soll das bewirken? Wenn ich ein Junge wär, ich würd mich hüten. Allerdings bei den heutigen Scheidungsgesetzen – nachher bin ich diejenige die zahlen muß, wie jetzt Mama. Ein Scheißleben ist das. Ich werds wohl nie lernen. Ich hab Angst, really. Bin auch wach. Wachsam. Ich wünsche mir, daß das nie vorbeigeht mit dem. Aber was ist das für ein Typ? Keine Mauer, kein Block. Mann, ich muß ganz schön einen weg haben. Ich fühle mich. Am unverfänglichsten wärs ja wenn ich jetzt das Licht ausmachen würde, das Fenster auf, den Pulli anziehen und die gute Nachtluft atmen. Und noch ein bißchen so daliegen bis ich einschlafe.

Was weiß ich warum ich mich gut fühle. Also es hängt sicherlich mit Arno zusammen – wenn ich den heute nicht getroffen hätte würd ich mich nicht so gut fühlen. Okay, soviel als gedankliches Fazit von 3 Seiten drumherum (den heiße Brei)

Aber ich mag gar nicht aufhören.

Was uns noch alles bevorsteht, was wir zusammen machen könnten könnten werden?

Hör jetzt auf zu schreiben Kind, das reicht. Aber nein mein Kind.

Blöd bin ich. Das was abging war viel zu banal. Nee nicht banal. Aber ich hab Angst daß ich, wenn ichs aufschreib, den Zauber davon wegnehme. Weil das Gespräch so von Herzen kam. Alles lauter persönliche Dinge. Ich hab ihm meine Traum der letzten Nacht erzählt, wo der schöne Dschungel abgeholzt wurde und mir das so leid tat, bloß weil ein paar Deppen aufm Rasen liegen und sich sonnen wollten.

Wann erzähl ich meine Träume?

Also, wollen wir mal relativieren. Ich war jetzt seit fast 1 Monat nicht mehr weg und hab seitdem bloß Maike und Shawn gesehen und beim Einkaufen ein paar Leute (Verkäuferinnen, der Stil). Und da kommt jetzt der daher und wir verstehen uns gut, und ich mag ihn mehr als alle anderen die ich kenne. Wird sich zeigen wie stark er ist wie stark ich bin (und wie stark wir sind)

(im übrigen komme ich mir saublöd vor sowas zu schreiben. So theatralisch. Liegt wohl an der Uhrzeit. Jaja, ich geh ja gleich schlafen, mach ja gleich das Licht aus). Wozu schreib ich eigentlich? Für die Nachwelt. Damit sie was zu lachen haben. Also, es war schlicht und einfach gut und ich kann eigentlich an gar nichts anderes denken und dieser Junge ist das Papier wert was ich grade vollschreibe, im Unterschied zu dem Quark den ich sonst so ablasse.

Also sonst vielleicht klare Sätze, aber ein Scheißgefühl dabei, oder schreiben aus Frust. Und jetzt isses Lust zu schreiben und zwar wegen ihm. Ich komm mir zwar etwas kindisch vor aber nun ja so ist das leben. Hoffentlich erzähl ich nicht allzuviel Scheiße wenn ich mit ihm zusammen bin. Ich stell mir das etwa so vor wie eine Fläche Erde mit nem Haufen Samenkörner drin – Also wie die Sahara, die auch direkt blüht wenns mal geregnet hat. So soll das wirken was ich dem gebe. Im Idealfall. Umgekehrt genauso. Kommen lassen. Vielleicht lern ichs bei ihm. Nicht erdrücken. Wird mir schwerfallen. Kommen lassen, immer kommen lassen. Wär das schön. Nacht.

## Karfreitag 84

ziemlich früh morgens unter Vogelzwischern.

170

Gestern war Arno nochmal da, wir haben geredet, war ganz gut, kein Sex aber Stimmung, hab ihn sogar mit runtergebracht und ihm gesagt daß die eventuell verschlossene Tür nur ein Vorwand wäre, ihm zum Abschied die Hand gedrückt und na logo gesagt als er fragte ob er nochmal wiederkommen könnte. Es wird schon wieder hell draußen. Ich hab "Angst vorm Fliegen" von Erica Jong gelesen und muß mal scheißen.

Mama hat geschrieben, alle möglichen Fragen, unter anderem, ob ich noch zur Schule gehe. Die hat echt nen sechsten Sinn. Jetzt überleg ich grade was ich antworten werde bzw ob ich überhaupt antworte. Lügen? Kriegt se ja doch raus. Wahrheit schreiben? Krankhaft. Nee, also das ganze is ne unangenehme Geschichte.

Mein ganzes Leben ist unangenehm. Alles vertane Zeit, schade drum. Schade das Arno nicht gekommen ist. Vielleicht war er da und die Tür war zu. Das wär ja blöd. Aber ich hab mich auch nicht recht nach ihm gefühlt. Also bitte ja? Wir Schriftsteller sind ein sensibles Volk und brauchen unsere Ruhe. Mit Schlafen is nix, dafür Kaffeetrinken. Und Futtern wie bei Muttern blabla.

Was ist eigentlich von mir übrig geblieben? Also ich finde das alles beschissen. Restlos beschissen. Zu nix mehr Bock, wirklich gar nichts.

Eltern zahlen, ich mach mirn schönes Leben. "Schönes Leben". Der Hohn. Wenn sie 2000 zahlen würden dann könnte ich mir echt ein schöne Leben machen. Das erste was ich tun würde ist weg von hier. Ticket in den Süden. Wo es warm ist. Wo man mensch sein kann. Und dann abnehmen. Und Einkaufen. Kulturelle Genüsse. Theater, whatever you want.

Das Leben ist so dermaßen sinnlos und leer – und das mit 20. 20 Jahre bin ich, und schon ne alte Frau. Zum kotzen alles. Sauge gierig gift in mich hinein. Alles giftig. Diese Stadt macht mich krank. Ich will hier weg, will zu Menschen. Wär das schön, wenn ich schön wär. Die sollen sich nach mir richten, nicht umgekehrt. Ich bestimme hier. Ich sage, und alle gehorchen, das wär toll. Aber leider hat die Gesellschaft wohl keine Verwendung für mich. Sie hat allerdings auch nich so die Möglichkeit, weil ich mich hier in meiner Bude verstecke und niemand weiß das ich da bin außer ein paar Leuten aber denen wird das sicher bald zu mühsam. Arno ist ne Ausnahme, aber den hätte ich lieber vor 3 Monaten kennenlernen sollen, als ich mich noch einigermaßen okay gefühlt hab, zumindest noch dünn war oder halt später. Jetzt nicht. Jetzt ist mein persönliches Vakuum an der Reihe. Ich will niemanden sehen. Ich will sterben, really. Da bin ich bloß zu feige zu und ein bißchen Hoffnung hab ich doch noch. Nichts großes, nur auf morgen. Nur so. Vielleichts ists morgen besser. Will mich nicht umbringen. Konkrete Hoffnung hab ich keine.

Worauf auch. Ich würd mich nur gerne schön finden. Aber ich entspreche leider nicht dem Ideal das ich von Schönheit hab. Und ich hab Bock auf frisches Weißbrot Butter und Marmelade. Knusprig knusprig. Und bin auch todmüde weil nicht geschlafen die Nacht. Ich glaub ich werd mal einen Spaziergang machen.

## Samstag 21.4.84        Ostern ca 23 h

Ich war heute mit Arno und Uli aufm Flohmarkt, er wollte sich ein Hemd kaufen, hats aber nicht gemacht. Gestern abend war er hier, wir haben geredet, ich hab die übliche Scheiße vom Stapel gelassen, dann wurde er sauer und wir sind spazieren gegangen, haben uns dann wieder besser verstanden und waren noch bis 4 Uhr morgens draußen.

Dann sind wir hierher gekommen, er hat mir den Nacken massiert (göttlich) und wir haben etwas geschlafen, so bis 10 Uhr. Er hatte mir noch 20 Mark geschenkt am Abend vorher (muß man sich mal vorstellen!) und wollte noch aufn Flohmarkt. Jedenfalls ist er gegangen, mußte noch einkaufen. Ich bin auch weggegangen, hab geduscht und eingekauft und ihn dann auf der Straße getroffen.

Wir sind zu mir gegangen, haben Kaffee getrunken, dann kam Uli und wir sind aufn Flohmarkt. Das war ganz gut, wurde aber bald nervig wegen dem Rummel. Ich hätte mir beinahe Nagellack gekauft aber dann gefielen mir die Farben nicht mehr und ich habs gelassen.

Wir also weg, nach hier, und er meinte er wäre hundemüde. War ne komische Situation. Ich hab ihm dann gesagt er soll schlafen gehen, dann ist er auch gegangen.
War ganz klein dabei, als hätte ich ihm bestätigt daß er
mir auf die Nerven ginge, seinen Befürchtungen entsprechend. Aber ich hab so in seinem Sinne gedacht, Motto: Is
besser für dich. Shit, ich mag den wirklich gerne, aber im
Moment ist mit mir nichts anzufangen. Will erst mit mir
selber ins reine kommen. Abnehmen, Job finden, Sache
mit Mama klären. Hab mich gewogen, 70 kilo. Ich komm
mir vor als würd ich 80 wiegen. Und im Spiegel – nein!
Das soll ich sein? Is ne Lüge. Glatte Lüge.

Im übrigen hab ich Dünnschiß. Aber wirklichen, ganz
herbe. Nicht bloß weich sondern flüssig. Mein Arschloch
brennt. Naja, besser als Hämorrhiden und stundenlang
aufm Klo sitzen.

Hab heute zum erstenmal seit langer zeit Coca Cola getrunken. Maybe davon. Und versucht einen Brief an
Mama zu schreiben. Beim ersten hab ich zuviel geschrieben, beim zweiten hatte ich keine Lust mehr. Aber der
Druck war dann weg, keine Heimlichtuerei mehr. Freiheit.
Kann auch ganz schön sein. Ich werds nochmal versuchen
und dann einfach die Antwort abwarten. Sie hat sichs ja
sowieso gedacht, wird se nicht sonderlich überrascht sein.
Wann bin ich endlich frei davon?

## Samstag, Ostern 84 kurz vor 0 Uhr

Ich war heute am Grunewaldsee. Bin mit der U Bahn bis
Krumme Lanke gefahren und dann durch den Wald gelaufen bis Roseneck. Hat Gut getan. Leider alles Geld für Eis
ausgegeben bis auf 2,20 DM. Für 2x duschen kommende
Woche.

Den Brief an Mama hab ich geschrieben und abgeschickt
und mir die Adresse vom Arbeitsamt aufgeschrieben.
Werd Dienstag hingehen. Erst duschen, dann los. Hoffentlich sind die nicht so eklig. Sonst hab ich nicht viel gemacht, besser gesagt gar nichts. Milchkaffee getrunken
und eben süßen Tee, aber der hat ekelhaft geschmeckt.
Mag keinen Zucker im Tee. War bloß weils dick macht
und auch satt. Arno war nicht hier. Oder er war hier, hat
kein Licht gesehen und ist wieder abgehauen, kann auch
sein.

Müde bin ich natürlich nicht. Bin ja auch erst um 2 Uhr
aufgestanden. Langweilig ist mir. Viel gequalmt heute.
Morgen will ich nochmal da runter, am liebsten mit der S-
Bahn. Werd zum Zoo fahren und von da aus die S Bahn
nehmen. Toll wärs früh aufzustehen und zu fotografieren
am See. Mist daß ich so einen empfindlichen Film drin-
habe, der wär bestimmt völlig überbelichtet am Tag. Aber
wie ich mich kenne check ich das nicht, so früh raus. Es
sei denn ich versuche wachzubleiben die Nacht. Aber
dann bin ich am Morgen bestimmt nicht in Stimmung zu
fotografieren. Morgen is feiertag, wie übel. Ich mag sowas

nicht. Komisch, eigentlich hab ich ein gutes Gefühl mit dem Arbeitsamt.

Weiß bloß nicht was ich anziehen soll. Is ja alles dreckig und stinkig und fast nichts paßt mir mehr. Schon übel, dieser Zustand. Was Mama wohl sagt wenn sie den Brief liest? Ich hab geschrieben ich müßte bis einschließlich August Schulgeld zahlen und daß ich froh wär wenn Papa noch solange Geld überweist wie diese Berufsgenossenschaft zahlt. Daß ich ne Schneiderlehre machen würde aber nicht allzugroße Aussichten hätte da was zu finden. Ach Scheiße. Mein Leben. Aber falls was klappt von wegen Job, dann gehts mir gut. Hab ich Geld, kann ich mir kaufen was ich brauche und fortan in Frieden leben. Fabrik, Pralinen einpacken. Tolle Sache. 4 Wochen Urlaub als Bonbon Aber macht nichts. Will sehen daß ich so 1000 Mark im Monat umsetze. Je mehr desto besser. Aber ungelernt – da is nich viel drin.

Gestern aufm Flohmarkt hab ich Shawn getroffen. Er hatn Job als Koch und meinte es wär okay und einfach. Seine Mutter kommt nach Deutschland. Er will ein Auto mieten und mit ihr ne Europa-Tour machen. Es gibt hier ein britisches Arbeitsamt. Ob die wohl auch an Deutsche vermitteln? Die Maike hat erzählt daß sie mal so an einen Job gekommen ist

Könnte ich auch mal probieren.

Aber erst die deutschen. Scheiße is ja das mit dem Schokoklau. Nachher soll ich mich bei Karstadt vorstellen. Gott wie peinlich. Ist sowas ne Vorstrafe? Mann, ich bin ne Kriminelle, vorsicht.

Die würden mich bestimmt nicht einstellen. Wär ja wohl zu peinlich. Aber auch so – Ob die Firmen wohl bei der Polizei nachfragen ob alles in Ordnung ist? Ist ja ne Bagatelle mit der Schokolade aber ein unschöner Fleck auf der weißen Weste. Allerdings hat die noch mehr Flecken, wenn man so meinen Werdegang bis jetzt betrachtet. Meine Eltern müßten bestraft werden für das was mit mir passiert ist. Sind se nämlich nicht unschuldig dran. Sauköppe. Arschlöcher, dreckige. Bayerndepp. Bauerntrottel Hirni. Das bin ich ja wohl. Deutschlands Blödi Number One. Noch ein freier Tag, sozusagen, morgen und den Dienstag Amt und hoffentlich bald einen Vorstellungstermin und hoffentlich ne Einstellung und hoffentlich genug Geld um Leben zu können.

## Dienstag 24.4.84          18 h 40

Ich war beim Arbeitsamt heute. Auweia, das war vielleicht ne Scheiße. Ich hab angefangen zu heulen. Wie im Theater. Die hat was von "mittlere Reife is auch nicht schlecht" erzählt, und da wars vorbei. Krankenschwester oder kindergärtnerin und irgendwas mit ABM. Habs nicht genau mitgekriegt, war viel zu fertig. Soll mich jeden Donnerstag melden. Letzte Nacht war ich bei Arno, aber

wir haben nicht geschlafen sondern die ganze Nacht geredet. Um 4 dann ins Bett – bis 6. Aber weitergeredet, und
nicht schlafen können. Morgens hatte ich noch ganz gute
Laune, bin duschen gegangen und dann zum Arbeitsamt.
Als ich wieder rauskam ging die Heulerei erst richtig los.

Dann hab ich einen kennengelernt, ich nenn ihn Doktor
Schiwago. Ist Nuclearmediziner und ohne Job. Er hat
ganz wilde Stories erzählt und mich zu Pizza eingeladen.
Er meint er könne auf jeden Fall was für mich tun. Will
mit nem 200000 Marks Kredit von der Bank ein Eiskaffee
aufmachen. Also die ganze Gechichte ist ein bißchen su-
spekt, aber der Typ ist ganz in Ordnung. Vielleicht ruf ich
an, ich weiß noch nicht. Arno gefällt mir 1000 mal besser.
Der andre war son bissl windig.

Einladung nach Peru. Also hat irre rumgeklotzt. Latino,
aus Nicaragua. Ach Fuck.


## Freitag 27. April 84

Hab letzte Nacht bei Arno geschlafen. Das gibt noch was.
Weiß nicht ob ich mit ihm schlafe. Im Moment isser mir
was schal geworden. Gute Freunde okay. Zu mehr hab ich
glaube ich keine Lust. Bin nicht geil auf ihn, das ist es.
Aber vielleicht war ich auch schlechter Laune gestern. In
der Zitty sind zwei Jobs drin. Am Montag zwischen 10 –
11 Uhr ruf ich nochmal an. Die suchen eine ungelernte
Bürohilfe und jemanden der für 10 DM/Stunde Orangen

preßt. Kommt beides in Frage. Mit dem Teeladen läuft noch nichts, Uli hat vergessen zu fragen. Aber 400 Mark, und das bei 40 Stunden die Woche – daß ist echt für den äußersten Notfall. Wenn ich nur vernünftige Klamotten hätte – Ich seh dermaßen schlunzig aus, es ist furchtbar. Ich fühl mich zwar wohl so, aber einen Job werd ich so nicht kriegen. Die nächste Kohle geht für Klamotten drauf, 100 pro.

Die Lenzen hat mir gesagt ich sollte mal das Klo putzen, weil der Typ, der nebenan einzieht so penibel wär. Ich hab ihn schon gesehen, sieht ganz nett aus. Franzose und anscheinend schwul, jedenfalls tauchte er mit Freund auf und sah irgendwie schwul aus. Ich hab ihm erstmal zwei Handvoll Salz auf die Türschwelle gestreut damits Glück bringt zum Einzug, aber als mich die Lenzen angemacht hat wegen dem Klo und noch paar Fusseln von meinem Teppich auf der Treppe hab ich Schiß gekriegt und das Salz wieder aufgekehrt. Ich glaube er hats aber gesehen weil er mir entgegenkam als ich einkaufen gegangen bin. Jedenfalls hab ich ihm noch eins von den Marzipanostereiern von Großi durch den Briefkastenschlitz geschoben. Die anderen hab ich Arno geschenkt. 7 Stück, wie ein A auf die Fußmatte gelegt. Großi hat glücklicherweise einen 20er mitgeschickt, sonst hätte ich wohl meinen gesparten Fuffi angebrochen. Jetzt hab ich noch so um 7 Mark, das reicht hoffentlich bis mittwoch wenn neues Geld da ist.

Hauptsache ich hab was zu qualmen und Tee, dann is das egal mit dem Sparen. Purer irrsinn, von sowenig Geld noch was wegzulegen. Dabei gehts sowieso wieder drauf, wenn die Strafe wegen der Schokolade kommt. 50 Mark doch wohl mindestens. Teure Dummheit, ehrlich.

## Samstag 28.4.84          0 Uhr 30

Ich war noch in Steglitz und als ich zurückkam hab ich Arno auf der Straße getroffen. Wir hatten uns aber recht wenig zu sagen, er dachte wohl ich hätte schlechte Laune und ich hatte Schiß er hätte gemerkt daß ich mir was zu essen mitgenommen hab und daß er deshalb sauer war. Außerdem hab ich kaum geschlafen die Nacht. Er meinte dann was von Langeweile und wollte abends weg und vorher noch schlafen und ich hab gesagt ich würd wach-bleiben und dafür früh ins Bett gehen. Und dann bin ich auch gegangen. Der Frust ließ nicht lange auf sich warten, also bin ich los und hab mir ein großes Brot, ein Pack Butter und ne Tüte Chips gekauft und erstmal gefuttert. Jetzt ist mir immer noch schlecht, ich bin hundemüde und kann doch nicht schlafen und hab tierischen Durst und kann nix trinken weil in meinem Bauch einfach kein Platz mehr ist. Das Leben ist einfach zu übel, vor allem meins.

Ich bin dreckig und stinkig und eklig kurzum zum kotzen. Ich seh auch überhaupt keine möglichkeit da rauszukom-men. Okay, ich hatte abgenommen, auf 65 kilo, weil ich so viel mit Arno zusammen war und der echt fast nichts ist. Aber kaum bin ich alleine leg ich wieder los, und das ist ja wohl echt zum kotzen.

Glücklicherweise hab ich jetzt auch gar kein Geld mehr bloß noch was zu essen, was zu qualmen, Geld für Blättchen und zum duschen. Und montag will ich in dem einen Laden anrufen die ne Bürohilfe suchen. Mist, ich hätte die Kohle echt besser anlegen können als in Brot und Butter was mich eh nur fett und unglücklich macht. Ah, und jetzt mein Zustand – unerträglich. Ich müßte irgendwas finden was mir gründlich das Gedärm durchputzt und ne Weile fasten, bis es mir wieder gut geht.

## Sonntag 29.4.84          0 Uhr 30

Ich hab eben ein Bild gemalt, aber es gefällt mir nicht. Zuviel gefressen heute. Ich will ne Fastenkur machen. Und – ich hab mir überlegt, für Mai: Wenn ich am Mittwoch zur Bank gehe, und die 200 sind da, dann gehen 40 für die Monatskarte drauf, 60 behalt ich da und 100 kommen aufs Konto. Von den 60 kauf ich Tabak (20 Mark) wasche Wäsche (10) kaufe Zitronen und kann auch noch gelegentlich telefonieren. Wegen Job. Und von den 2. 200 behalte ich 50 Mark und geb 150 aufs Konto. Dann hätte ich am 1. Juni 300 Mark gespart. Nicht schlecht, würde ich sagen. Wie das dann weitergehen soll weiß ich allerdings auch nicht. Wichtig ist mir, daß ich zu meiner alten Lebensweise zurückfinde und das viele Fett loswerde, und daß ich einen Job finde.

Mist, ich weiß wirklich nicht was ich anziehen soll wenn ich mich vorstellen gehe. Ich hab einfach nichts mehr was anständig aussieht. Nur noch so verlotterte olle Sachen. Es ist ein Kreuz. Und mit den 300 werd ich auch nicht sehr weit kommen. Außerdem will ich jetzt sowieso nichts kaufen weil ich viel zu fett bin. Das zweite Problem betrifft meine Beschäftigung. Ich hab nämlich absolut nichts zu tun. Wäre ja gelöst wenn ich nen Job finde. Ich finde bloß keinen weil keiner ne Schlampe einstellt. Da ich nichts zu tun hab, fresse ich, die Kohle geht drauf und ich bleib weiter schlampig, weils eh keinen interessiert wie ich aussehe. Und diesen Kreis gilt es zu durchbrechen. Wenn ichs also schaffe die Kohle zu sparen bedeutet das daß ich nix für Fressen ausgeben kann, was wiederum zur Folge hat daß ich abnehme. So werde ich am Ende des Monats 300 Mark haben und um einige Kilos leichter sein. Dann kann ich mir Anziehsachen kaufen und bin gerüstet mich vorstellen zu gehen.

Trotzdem versuch ich aber jetzt schon, was zu finden. Falls se mich so nehmen – okay. Allerdings: Während einer Fastenkur fängt man meistens an zu stinken, und neigt zu Schwächeanfällen etcetera, so daß es Unter Umständen angebracht ist sich nicht allzuweit vom Bett zu entfernen. Aber da kann ich keine Rücksicht drauf nehmen. Falls es klappt muß ich mitziehen, das wäre ja noch schöner. Am Montag zwischen 10 und 11. Der Orangenjob und die Bürohilfe. Beide interessant für mich. Bloß: Mich vorstellen, in meinem Schlunz und Gestank – Auweia, so gut wie aussichtslos. Und keine Möglichkeit das zu verhindern

KACKE! Kann nur hoffen daß die anderen die sich da bewerben noch beschissener aussehen als ich. So daß ich im Vergleich noch einen guten Eindruck mache. Aber ich hab nüscht anzuziehen! In nix paß ich mehr rein, und das wo ich reinpasse ist entweder dreckig oder vergammelt.

Scheiße. Diese ganze Angelegenheit mit Berlin nimmt eine höchst unerfreuliche Wendung, fürchte ich. Mein Ganzes Leben gleitet mir aus den Händen, und ich bin völlig ausm Häuschen. Dabei geht es im Moment. Bin ja jetzt ziemlich träge. Aber wenn ich so meine Anwandlungen kriege – weia. Ich müßte mich viel mehr bewegen um meine überschüssigen Energien abzubauen. Spazierengehen oder was auch immer. Zum Glück ist ab 1. Mai die Wannsee S Bahn wieder in Betrieb. Angenehmer als mit dem Bus zu fahren. Der Wannsee ist sowieso ne jecke Geschichte. Is richtig nett da, bloß zu viele Leute.

HOFFENTLICH krieg ich diesen Job! Mann! Ich will was tun! Geld her! Job her!

**Montag 30.4.84          22 h 30**

Mönsch, ich hab nen Job. Europa-Center, Supermarkt, Ladenhilfe, 4-Tage-Woche von 8 bis halb 12, 390 + Berlin Zulage, ungefähr 30. Ohne Lohnsteuer. TsTs. Dabei war ich wegen einem anderen Job in dieses Center gefahren. Da hab ich aber diesen Laden nicht gefunden und dafür an einem Supermarkt draußen ein Schild gesehen, daß Ladenhilfen gesucht werden. Okay, ich rein, nachm Chef gefragt und den Job gekriegt. Allerdings war ich vorher nochmal rausgegangen, hatte schreckliche Schiß und alles. Aber dann wollte ich nicht so ohne Ergebnis nach Hause, wo ich doch den Kunstgewerbeladen nicht gefunden hatte, und bin wieder rein ins Center, noch bißchen rumgelaufen und dann in den Supermarkt. Ich hätte schreien können, als ich wieder rauskam. Zu gut. Also, man stelle sich vor: 400 Unterhalt von Mama, 400 Kohle vom Job und ab August 300 von Papa. Gerry wa? Und alles bar. Wenn das hinhaut, mann o mann, dann feier ich Weihnachten auf den Bahamas. Von Mama kam auch ein Brief: Sie respektiere meine Entschlüsse und beneide mich um mein Freiheitsgefühl… Als ich zurückkam, bin ich zur Bank, hab 40 Mark abgehoben und bißchen was eingekauft, war duschen und hab ne Ladung Wäsche gewaschen.

Eben hab ich ein Paket Vollkornbrot beim Lesen gefuttert, war zu viel, hälfte wieder ausgekotzt. Naja. Dafür hab ich gestern gefastet und werd morgen nur Obst essen… Auf jeden Fall hab ich was Anzuziehen, wo jetzt die Sachen gewaschen sind, und das war meine Hauptsorge. Ich glaub ich geh gleich nochmal kotzen, damit ich überhaupt schlafen kann. Fühl mich so speedy. Draußen regnets, ich habs Fenster auf, paar Tropfen fallen rein. Hört sich gruslig an, aber auch gemütlich hier drin. Morgen is Feiertag, und Mittwoch um 8 fang ich an zu arbeiten. 4 Tage die Woche. Von 8 bis halb 12. Das muß ich erstmal ne Weile durchhalten. Ich denke sogar daß es ganz lustig werden kann. Supermarkt mein Traum.

Allerdings muß ich mir dann auf Dauer einen Full-Time Job suchen, damit ich mal richtig unabhängig werde. Aber für den Anfang ist das gar nicht schlecht

Und maybe – mit dem was ich da lerne finde ich vielleicht leichter was für den ganzen Tag. Schon alleine wegen der Kohle. Ich hab immer noch viel zu viel Zeit, aber das ist wohl auch ganz gut – So kann ich mich langsam ans arbeiten gewöhnen. Und duschen und so, krieg ich alles geregelt. Wär gut wenn ich das Geld sparen würde, oder zumindest haushalten könnte damit. Mann, aber das war ein Streß, als ich da mit dem Chef in der Kajüte geredet hab. Puh. Meine Pupillen waren riesig, das wette ich. Hab richtig gespürt wie sie aufgingen vor Angst. Aber – ich hab den Personalbogen gekriegt und Mittwoch um 8 soll ich anfangen. Nun denn. Will ich sonst noch was? Nein, zur Zeit nicht. (Und in einem Monat: Ah, mich kotzt das an, wär ich bloß aufer Schule geblieben und so)

Die Alte vom Arbeitsamt muß ich noch anrufen, daß ich nen Job hab, daß sie sich nicht weiter bemüht. TsTsTs

Wie schnell die Welt sich ändert. Ach ja. Ich will Diät machen, den Mai über und in den Juni hinein. Muß ich noch drüber nachdenken.

Kinders, macht mir noch irgendwas sorgen? Also Punkt 1 ist erreicht: Job finden. Punkte sonst sind: Abnehmen, Klamotten kaufen, Bude einrichten. Tja, so nach und nach hoffe ich das auf die Beine gestellt zu kriegen. Aber ich werd jetzt schlafen gehen. Bin heute schon um 8 Uhr aufgestanden, ungewöhnlich für mich weil ich sonst immer so bis mittags gepennt hab Und außerdem will ich mich schon was an den Rhytmus gewöhnen, von wegen um 8 Uhr auf Arbeit erscheinen. 7 Uhr aufstehen, waschen, anziehen, essen, zähneputzen, losgehen. Kann ja heiter werden. Ich zähle die Tage. Wenns nich so wenig Kohle wär, wär ich zufrieden. So muß ich sehen daß ich nen Full Time Job kriege. Aber das hat Zeit. Erstmal die bestehenden Reserven ausschöpfen.

## Dienstag 1. Mai 84    22 Uhr 15

Oh Mist. Ich fühl mich miserabel, zuviel gefressen und alles Geld ausgegeben. Mist. Wenn ich das doch aus dem Willen heraus stoppen könnte und nicht erst wegen Geldmangel damit aufhören würde. Es war wirklich übel. Ich glaube, ich muß mir einen Diätplan zurechtlegen, an den ich mich dann einfach halte. Nicht mehr die alles-oder-nichts-Methode. Lieber ne richtige Diät machen. Morgen früh will ich ne Kanne Tee trinken, zum Wachwerden, und dann arbeiten gehen. Morgen nachmittag zur Bank, Geld holen und ne U Bahn Karte kaufen. Dann duschen, bißchen was zu essen besorgen und sonst nichts. Lesen, Pulloverstricken, vielleicht ins Grüne rausfahren. Aber das mit der Diät muß wirklich sein. Ich versteh nicht, wieso ich nicht zurande komme. Ich mach nur was ich auch tun will, aber anscheinend will ich das falsche. Ich will dünn sein, freß mich aber täglich voll. Ist doch zu blöd, oder? Also irgendwie komm ich mit mir selbst nicht zurecht. Ich will Geld sparen, geb aber alles aus. Das darf doch nicht wahr sein. Im Entscheidenden Moment verläßt mich das Bewußtsein – und plop – isses passiert. Aber das muß nicht sein, es geht auch anders. Wenn ich ein bißchen Abwechslung hätte, und ein paar andere Freuden als den Kitzel an meinen Geschmacksnerven, dann könnte ich es schaffen. Aber so wie ich das sehe steck ich in ner Zwickmühle, aus der ich nur durch ne extreme Willensanstrengung wieder rausfinde. So schlau war ich vor 3 Monaten auch schon, bloß hats nicht geholfen. Ja, das dauert bei mir immer was eh ich nen Vorsatz in die Tat umsetze, ehe ich tatsächlich das erreiche was ich will. Vielleicht isses was ganz anderes. Wenn ich nun dick sein wollte, Fett als Schutz gegen unliebsame Annäherungen? Tja das wäre was. Es funktioniert tatsächlich. Kein Junge guckt mich mehr an. Außer so ekligen Typen die auf Fett stehen. Und ich mag keine Männer die auf fette Frauen stehen. Vielleicht finde ich ja mein inneres Gleichgewicht wieder, so langsam, mit der Zeit, wie ich mich an Berlin gewöhne. Dabei isses lächerlich Was ist an dieser Stadt so besonderes? Die Leute sind sogar netter als in Köln. Außerdem hat ich ich in Köln am Anfang genauso beschissen gefühlt, und das wurde erst ganz langsam besser. Übrigens nach so 6 Monaten setzte der Umschwung ein, wenn ich mich richtig erinnere. Und dann hats noch 2 Monate gedauert ehe der Kram runter war.

Ja Ja, das waren heavy Zeiten. Aber für mich wirds auch langsam Zeit. Ich mag diesen ganzen Ballast nicht länger mit mir rumschleppen, will wieder beweglich, agil werden. Sollte echt wieder zu meiner Rohkost-Therapie zurückkehren. Abends Salat, und Tagsüber Tee und Mineralwasser. Und Kohle sparen für Anziehsachen.

Wenn ich den Monat durchhalte, hab ich Anfang Juni genug Patte um mich erstmal einzukleiden. Mehr brauch ich dann auch nicht. Paar Sachen für die Wohnung und so. Und überhaupt. Wenn ich das weitermache hab ich auch im Winter Geld für warme Anziehsachen, für Kohle zum Heizen und ne warme Decke, auch für Schuhe. Wenn man so bedenkt – Nichts davon war drin von Mamas Kohle. Höchstens so eklige Second-hand Klamotten. Auf die ich jetzt freiwillig zurückgreife damit die selbstverdiente Kohle nicht so schnell alle is. Naja. Erstmal muß ich das geschafft haben. So sinds ungelegte Eier. Hoffentlich checke ich morgen das Aufstehen. Wecker ist auf extralaut gestellt, 6 Uhr. Damit noch Zeit für den Tee + Waschen ist.

**Mittwoch 2. Mai 84    13 Uhr**

Hab meinen ersten Arbeitstag hinter mir. Meine Beine tun vielleicht weh, weia. Total geschafft. Und letzte Nacht fast

nicht geschlafen. Zum Glück ist die Kohle von Mama gekommen. Hab 200 abgehoben und war eben Döner essen,
danach ein Raider und jetzt ne Kanne Tee. Ich war echt
am verhungern, bin ohne Frühstück losgegangen.

Hab so das Feeling Arno heute zu sehen. Glaube nicht daß
ich hingehe, wohl aber daß er herkommt. WHO knows.

Ich hab die ganze Zeit beim Gemüse + Obst gearbeitet.
Obst auf Plastikteller und einschweißen und auszeichnen
und ins Regal rein. Mit weißem Kittel. Erst wars heavy an
der Schweißmachine, dann gings. Außer mir noch so ein
Bubi, vielleicht 16, bißchen ungelenk, und ein Knacker,
Kampe. Außerdem Dietrich, mein Chef sowie Krieger, der
Lagerleiter.

Morgen um 8 soll ich wiederkommen. War bißchen un-
klar, aber wird sich wohl morgen zeigen. Wär allerdings
blöd wenn ich umsonst früh aufstehen würde. Muß noch
zur BVG wegen der Monatskarte. Vorhin war sone lange
Schlange und ich hatte keine Lust zu warten. Aber bis
morgen brauch ich die Marke, deshalb. Mann erst in
einem Monat krieg ich Kohle. So schrecklich lange dauert
das. Heute ist erst der zweite. Gnahh!

Duschen will ich noch, weils doch morgen und Freitag
teurer is. Dabei fühl ich mich noch gar nicht dreckig, und
die Haare sind auch noch sauber.

Also von mir wird Mama nicht erfahren daß ich arbeite. Sonst streicht die mir noch den Unterhalt, und das wär echt das letzte – Nein Mami, ich hab noch keinen Job, aber ich bin beim Arbeitsamt gemeldet und muß da jeden Donnerstag anrufen, die haben mir ne ABMStelle in Aussicht gestellt, aber da sind so lange Wartelisten deshalb kann das wohl was dauern.

Ja Ja is wirklich traurig.

So blöd die Arbeit ist – So blöd isses gar nicht. Aber müde bin ich, Geschafft, k o. Is lange her daß ich das letzte mal was anstrengendes gemacht hab.

## Donnerstag 3. Mai 84          17 Uhr 30

Uah. Grade gekotzt. Zuviel gefressen. 70 kilo. Alle Hosen zu eng – es muß was geschehen. Ich muß! Diät machen! Außerdem hab ich bloß noch 30 Mark. Zwar dazu noch 100 aufm Konto, aber die will ich ja drauflassen, wegen meiner impertinenten Geldgier, weil ich, wenn ich dann noch 100 vom nächsten Geld spare, am 1. Juni über 600 Mark besitze, plus der 400 von Mama für Juni. Also diese 30 Mark: Das ist 1 Wäsche à 5 DM, Rest 25 Mark. Das sind noch 16 Mark für Tabak, bleiben 9 Mark. Ein Witz, wa? Aber wenn ich noch Dusche, gehen davon noch 6,60 Runter, es bleiben übrig 2 Mark 40. Wie hübsch. Davon werde ich Zitronen besorgen…

Also es ist jetzt wirklich gar nichts mehr übrig. Aber wirklich fasten kann ich nur wenn ich nicht weggehe, und da ich zur Zeit arbeite – tja, das wird schwierig. Noch nicht mal Tee ist drin. Ich bin aber auch ne blöde Nuß. So jetzt ist das Tagebuch voll. Hat 6 Monate gedauert. Glücklicher bin ich nicht, aber 12 kilo schwerer und einsam und gefrustet. Aber ich hab nen Job und weiß – wenn die 12 kilo runter sind, leg ich wieder los, geh in Diskos und such mir nen netten Freund, kaufe Klamotten und mach einen auf Disco-Queen.

Das alles wird bestimmt nochmal 6 Monate in Anspruch nehmen. Das allerwichtigste ist mir, das Fett wieder loszuwerden. Den Job hab ich, das war auch nicht so schwer, hat nur Überwindung gekostet hinzugehen. Und jetzt, dank meiner selbstverschuldeten Finanzmisere, das wird mit dem Abnehmen auch hinhauen. Hoffe ich jedenfalls.